Lied der Sonne

Lied der Sonne

Morgen- und Sonnengedichte
aus drei Jahrtausenden

herausgegeben von Lis Jacobi

Verlag Freies Geistesleben

CIP-Kurztitelaufnahme der Deutschen Bibliothek

Lied der Sonne: Morgen- und Sonnengedichte aus
3 Jahrtausenden / hrsg. von Lis Jacobi. –
Stuttgart: Verlag Freies Geistesleben, 1983.
ISBN 3-7725-0777-8
NE: Jacobi, Lis [Hrsg.]

Umschlag: Martin Diethelm
Umschlagfoto: Detail der goldenen Decke im
«Goldenen Tempel in Amritsar», 18. Jahrhundert, Indien.

Satz und Druck: Hans Hawelka, Stuttgart

Wär' nicht das Auge sonnenhaft,
wie könnten wir das Licht erblicken?
Lebt' nicht in uns des Gottes eigne Kraft,
wie könnt' uns Göttliches entzücken?
Johann Wolfgang von Goethe

«– Fragt man mich, ob es in meiner Natur sei, die Sonne zu verehren, so sage ich abermals: durchaus! Denn sie ist gleichfalls eine Offenbarung des Höchsten, und zwar die mächtigste, die uns Erdenkindern wahrzunehmen vergönnt ist. Ich anbete in ihr das Licht und die zeugende Kraft Gottes, wodurch allein wir leben, weben und sind und alle Pflanzen und Tiere mit uns.»

Aus dem Gespräch, das Johann Wolfgang von Goethe als letztes vor seinem Tode mit Eckermann führte.

Vorwort

Die aufgehende Sonne hat schon immer Menschenherzen angerührt. So finden wir denn Morgen- und Sonnengedichte bei fast allen Völkern, und oft sind es Juwelen der Dichtkunst. Die vorliegende Anthologie bringt Beispiele solcher Lyrik – vom 13. Jahrhundert v. Chr. bis zu unserer Gegenwart[1]. Der vergleichende Überblick macht die Entwicklung und die Wandlungen im Erleben des Sonnenaufgangs und damit ein Stück Bewußtseinsgeschichte nachvollziehbar. So kann uns Schönheit und Erhabenheit der Sonnenhymnen aus den frühen Kulturen mit Bewunderung erfüllen. Wir können verfolgen, wie im Laufe der Jahrhunderte das Erleben immer individueller wird, aber auch, wie das Verständnis für das Sonnenhafte teilweise verschwindet oder verflacht.

Das moderne naturwissenschaftliche Denken hat zwar eine ungeheure Steigerung der Bewußtheit in bezug auf Erkenntnis und technische Bemeisterung der Gesetze der äußeren Natur durch die Menschen gebracht. Zugleich hat es aber auch zu einem Weltbild geführt, das wesentliche Aspekte der Wirklichkeit ausklammert und negiert, das Universum auf Materie und Energie reduziert. Eine tiefe Spaltung zwischen Wissen, Glauben und künstlerischem Erleben hat sich so ergeben. Der tote Gasball, den die Physik als Sonne beschreibt, und «die güldne Sonne» der Dichter erscheinen kaum noch als derselbe Gegenstand. Für die Zeit seit der Mitte unseres Jahrhunderts gilt, daß wir Sonnengedichte überhaupt nur schwer finden können. Es ist, als habe der materialistische Zeitgeist wie der hungrige Wolf, über den die Mythe erzählt, die Sonne verschlungen.

Auch die Kirchen haben die Sonne vergessen, höchstens klingt das Sonnenmotiv noch in alten Liedern oder den Kultformen nach. Doch ist durch Rudolf Steiner mit der Synthese von exakt-wissenschaftlicher, künstlerischer und religiöser Welthaltung in seiner Anthroposophie ein neuer, zeitgemäßer Weg zum Verständnis des Sonnenwesens eröffnet. Aus dieser Perspektive kann sich zugleich ein Zugang zum Sonnen-Erleben der Vergangenheit ergeben[2].

Das altindische «Die Sonne ist das Brahman» (S. 21) beschreibt die Weltentstehung und die Geburt der Sonne, das lärmende Jauchzen, das sich hinter ihr erhebt und sich täglich wiederholt. Es ist Sphärenmusik, die vernommen wird. Von ihr werden später auch die Pythagoräer und (in umschreibender Weise) Goethe sprechen. Es handelt sich dabei nicht um ein Hören mit physischen Ohren, sondern um ein übersinnliches Vernehmen kosmischer Harmonien. In der urindischen – der ältesten – Kultur lebt noch eine Menschheit, die die äußere Welt wie eine Illusion, eine «Maja», empfindet. Das logisch schlußfolgernde Denken ist noch nicht entwickelt, man führt ein mehr träumerisch nach innen gekehrtes – übersinnlichen Erfahrungen noch offenes – Leben. Das Gebet an die Sonne aus dem «Avesta» (S. 25) aus der urpersischen Zeit, der zweiten der von Rudolf Steiner aufgewiesenen Kulturepochen, ruft die Sonnenkräfte gegen die Mächte der Finsternis an. Es widerspiegelt das Bewußtsein einer Menschheit, die das Leben als Bewährungsprobe im Dienst an der Erde ansieht, für die die Eroberung der sichtbaren Welt begonnen hat. (Man bemüht sich in dieser Zeit, Übersinnliches in menschlichen Begriffen auszudrücken – so wird die Sonne gepriesen als «mit schnellen starken Pferden begabte»)[3].

Auch für die Menschen der dritten Kulturepoche, der der chaldäisch-assyrisch-babylonischen Völker und Ägyptens, besteht noch eine Verbindung zur geistigen Welt. In dem Irdisch-Materiellen, das nun allerdings nicht mehr als Maja, sondern als Realität erlebt wird, sieht man die sichtbar gewordene Gottheit. So beginnt der Hymnus des Priester-Königs Echnaton (XVIII. Dynastie, ca. 1350) mit den Worten: «Du erscheinst so schön im Lichtberge des Himmels, du lebendige Sonne ...» Die Sonne war für den alten Ägypter ein beseeltes Wesen, eine Gottheit, der Mensch fühlte sich noch unmittelbar als Glied des ganzen Kosmos[4].

Die vierte griechisch-lateinische Kulturepoche, vom 8. vorchristlichen bis zum Beginn des 15. nachchristlichen Jahrhunderts, ist durch die Entwicklung der Verstandes- und Gemütsseele charakterisiert. Durch den Schritt vom mythischen Bilderbewußtsein zum Gedankenleben beginnt sich der Mensch zunehmend in seiner Eigenständigkeit zu empfinden. Die Motive der Mythologie leben in den in dieser Zeit aufblühenden Künsten noch fort und werden zugleich frei gestaltet, wie sehr schön das Beispiel aus Ovids Metamorphosen zeigt (S. 32). Das Ergreifen der phyischen Welt führt in dieser Periode zugleich zu einer Entfremdung des Menschen von seiner geistigen Heimat.

Es ist das Mysterium von Golgatha, das jenen Entwicklungseinschlag bringt, der es allen, die den Christus-Impuls in sich aufnehmen, ermöglicht, diese Entfremdung zu überwinden. Dieses Heilsgeschehen (daß der göttliche Sonnen-Logos Fleisch geworden ist und den Tod überwunden hat) bildet den Empfindungshintergrund für die meisten Morgengedichte der Jahrhunderte nach der Zeitenwende bis zum ausgehenden Mittelalter im 15. Jahrhundert (sieht man einmal von der Lyrik des Ostens aus dieser Zeit ab, die in den betreffenden Abschnitt aufgenommen wurde). So wie die Malerei (sie bevorzugt den Goldgrund) die großen Themen des Christentums gestaltet, so wie die gotischen Dome zum Himmel streben, den Menschen in seiner Seelenhaltung mit emporführend, so ist auch die Dichtung von den religiösen Impulsen geprägt, in denen die Seelen, die sich im erwachten Selbstbewußtsein ganz auf sich gestellt sehen, «das Bewußtsein ihrer Eingliederung in das Leben des Weltorganismus zu gewinnen» suchen[5].

Mit dem Beginn des 15. Jahrhunderts hebt der fünfte nachatlantische Kulturzeitraum an, in dem wir heute noch stehen. Unter dem Gesichtspunkt der Seelenentwicklung ist er durch die Entfaltung der Bewußtseinsseele charakterisiert (auf der geschichtlichen Bühne spielen die germanischen Völker eine herausragende Rolle). Jene eingangs skizzierte Ausbildung von Naturwissenschaft und maschineller Technik beginnt. So wie die Malerei sich vom Goldgrund abkehrt und in der Perspektive ganz dem äußeren Raum zuwendet, so zeigt sich auch in den dichterischen Aussagen die Liebe für die Details der sinnenfällig-gegenständlichen Umwelt. In dem Gedicht von Thomas Heywood z. B. (S. 48) wird nicht nur das Licht willkommen geheißen, sondern auch der Frühwind, die Vögel, Wald und Hang. Das Weltliche, Individuelle kommt zu seinem Recht, wenn auch das Geistliche weiterhin – erkennbar etwa in den Kirchenliedern des Barock – seine Rolle spielt.

Die Höhe, die die Literatur der deutschen Klassik in den Werken Goethes und Schillers erreicht, das Streben nach Harmonie, nach einer Synthese der Gegensätze von Innerem und Äußerem, Sinnlichkeit und Geist, zeigt sich auch in der Sonnen-Dichtung, während die Gedichte Eichendorffs und seiner Zeitgenossen den Gefühlsreichtum und die Empfindsamkeit der Romantik spüren lassen.

Die neuere Zeit ist durch zahlreiche Beispiele in der Anthologie vertreten. Es ist dies eine Epoche, die durch scharfe Konflikte und rasche, von Katastrophen mannigfacher Art begleitete Umwälzung aller überkommenen gesellschaftlichen Verhältnisse charakterisiert ist. Auch die Literatur ist von Kontrasten bestimmt, legt Zeugnis ab von der Zerrissenheit des modernen, zur Freiheit berufenen Menschen.

Wie eine Vorahnung, daß der Menschheit eine Verarmung im Geistigen bevorsteht, klingen schon die Gedichte von Boratynski und Lenau (S. 104, 106). Hoffnungslosigkeit, die scheinbar keinen Ausweg läßt, spürt man aus Baudelaires «Morgendämmerung» (S. 123). Die Probleme der Arbeitswelt und die Schrecken des Krieges werden Themen der Morgen-Dichtung, so z. B. bei van Hoddis und Birnbaum (S. 165, 170). Immer wieder klingt jedoch auch etwas wie Sehnsucht nach einer neuen Geistigkeit an. Von dem neuen – durch Rudolf Steiner impulsierten – Verständnis für die Sonne künden die Gedichte Christian Morgensterns (S. 143 ff.).

Möge diese Anthologie dazu beitragen, uns offener zu machen für «der Sonne reine Strahlen … der Sonne Geistgewalten … der Sonne Weltenwille … der Sonne Götterwesen … aus des Feuers Liebesströmen» (S. 155)!

Lis Jacobi

1 Siehe das Inhaltsverzeichnis auf S. 211 ff.

2 Siehe z. B.: Steiner, Rudolf: Die geistige Vereinigung der Menschheit durch den Christus-Impuls, 1915/16, Gesamtausgabe, Nr. 165, Dornach 1981
Die Mysterien des Lichtes, des Raumes, der Erde und ihre Gegenspiegelung in den drei Strömungen der materialistischen Zivilisation, in: Die Sendung Michaels, 1919/1977 (GA 194)
Der Christus-Impuls und die Entwicklung des Ich-Bewußtseins, 1909/10/1961 (GA 116)
Gegenwärtiges und Vergangenes im Menschengeiste, 1916/1962 (GA 167)
Die Rätsel der Philosophie in ihrer Geschichte als Umriß dargestellt, 1914/1968 (GA 18)
Weltenwunder, Seelenprüfungen und Geistesoffenbarungen, 1911/1977 (GA 129)
Das Christentum als mystische Tatsache und die Mysterien des Altertums, 1902/1976 (GA 8)
Das Sonnenmysterium und die Mysterien von Tod und Auferstehung, 1922/1963 (GA 211)
Blattmann, Georg: Die Sonne – Gestirn und Gottheit, Stuttgart 1972
Grabar, Andrè: Byzanz – Die Byzantinische Kunst des Mittelalters vom 8. bis zum 15. Jahrhundert, Baden-Baden 1922
Lurker, Manfred: Symbol, Mythos und Legende in der Kunst, Baden-Baden 1974
Boll, Franz: Die Sonne im Glauben und in der Weltanschauung der alten Völker, Stuttgart 1922
Ehrenreich, Paul: Die Sonne im Mythos, Leipzig 1915

3 Die Hymnen aus der Geheimlehre der Veden und dem Avesta sind ihrer Entstehung nach die ältesten Dokumente der Menschheitsentwicklung. Allerdings sind diese uns nicht schriftlich überliefert. Lange Zeiten wurden sie nur mündlich weitergegeben. Die auf uns gekommenen Dichtungen wurden im 12. und 8.–3. Jahrhundert v. Chr. aufgezeichnet. Die beiden Hymnen aus dem Righ-Veda sind späteren Datums.

4 Dieser Hymnus ist der wahrscheinlich älteste, der uns aus dieser Zeit wörtlich überliefert ist.

5 Rudolf Steiner: Die Rätsel der Philosophie, S. 29

Hymnus des Pharao Echnaton

Der Sonnengesang von El-Amarna

Du erscheinst so schön im Lichtberge des Himmels,
du lebendige Sonne, die zuerst zu leben anfing!

Du bist aufgeleuchtet im östlichen Lichtberge
und hast alle Lande mit deiner Schönheit erfüllt.
Du bist schön und groß, glänzend und hoch
über allen Landen.
Deine Strahlen umfassen die Länder, bis zum
äußersten Ende alles dessen, was du geschaffen hast;
du bist die Sonne und dringst eben deshalb bis an ihr
äußerstes Ende.
Du bändigst sie deinem geliebten Sohne.
Du bist fern und doch sind deine Strahlen auf der Erde;
du bist im Angesicht der Menschen, und doch kann man
deinen Weg nicht sehen.

Gehst du zur Rüste im westlichen Lichtberge,
so ist die Welt in Finsternis, wie im Tode.
Die Schläfer sind in der Kammer, die Häupter verhüllt,
nicht kann ein Auge das andere sehen.
Gestohlen werden alle ihre Sachen, während sie unter
ihren Häuptern liegen;
sie merken es nicht.
Jedwedes Raubzeug kommt hervor aus seiner Höhle,
alles Gewürm beißt;
Die Finsternis ist für sie, was für andere
eine Feuerstatt.
Die Welt liegt in Stille, denn der sie schuf,
ist zur Rüste gegangen in seinem Lichtberge.

Im Morgengrauen leuchtest du wieder auf
und glänzest aufs neue als Sonne am Tage.
Es weicht die Finsternis,
sobald du deine Strahlen spendest.
Die beiden Länder sind in Festesstimmung.
Die Menschen erwachen und stellen sich auf die Füße;
du hast sie sich erheben lassen.
Gewaschen wird ihr Leib, sie nehmen die Kleidung,
ihre Arme erheben sich in Anbetung, weil du
erschienen bist.

Die ganze Welt tut ihre Arbeit;
alles Vieh befriedigt sich an seinem Kraute;
Bäume und Kräuter grünen.
Die Vögel fliegen aus ihrem Neste,
ihre Flügel erheben sich in Anbetung für dich;
alles Wild hüpft auf den Füßen;
was da kreucht und fleucht,
sie leben, nachdem du ihnen wieder aufgeleuchtet bist.

Die Schiffe fahren stromab und stromauf;
jeder Weg ist wieder geöffnet, weil du erschienen bist.
Die Fische im Strom springen auf vor deinem Angesichte,
deine Strahlen dringen bis ins Innere des Meeres.
Der du die Frucht sich bilden läßt in den Weibern,
der du den Samen schaffst in den Männern,
der du den Sohn am Leben erhältst im Leibe seiner Mutter,
der du ihn beruhigst, so daß seine Tränen aufhören.
Amme des Kindes im Mutterleibe!

Der da Luft spendet, um am Leben zu erhalten jedes
seiner Geschöpfe.
Steigt es aus dem Leibe der Mutter herab, um zu atmen,
am Tage seiner Geburt,
so öffnest du alsbald seinen Mund zum Sprechen und sorgst
für seine Bedürfnisse.

Das Vöglein im Ei spricht eingeschlossen in Stein;
du gibst ihm Luft in seinem Innern, um es
  am Leben zu erhalten.
Du hast ihm im Ei seine Frist gesetzt, es zu zerbrechen.
Es kommt hervor aus dem Ei, um zu sprechen,
  zu seiner Frist,
es geht auf seinen Füßen, sobald es aus ihm hervorkommt.

Wie zahlreich sind doch deine Werke;
sie sind verborgen dem Gesichte der Menschen,
du einziger Gott, außer dem es keinen anderen gibt!
Du hast die Erde geschaffen nach deinem Herzen,
du einzig und allein,
mit Menschen, Herden und allem anderen Getier.
Alles was ist auf der Erde, gehend auf Füßen,
was da ist in der Höhe, fliegend mit ihren Flügeln,
die Gebirgsländer Syrien und Nubien,
und das Flachland Ägypten.

Du setzest jeden Mann an seine Stelle;
du sorgst für ihre Bedürfnisse;
ein jeder hat sein Essen,
berechnet für seine Lebenszeit.
Die Zungen der Menschen sind geschieden im Sprechen,
ihre Art desgleichen;
ihre Haut ist unterschieden.

Unterschieden hast du auch sonst die Völker:
Du schaffst den Nil in der Unterwelt in der Tiefe,
du holst ihn herbei nach deinem Belieben,
um das Volk der Ägypter am Leben zu erhalten,
wie du sie dir geschaffen hast,
du, ihrer aller Herr,
der müde ward von ihnen.
Du Herr aller Lande,
der ihnen wieder aufleuchtet am Morgen.
Du Sonne des Tages, groß an Ansehen.

Alle Gebirgsländer in der Ferne, du sorgst für ihren
    Lebensunterhalt:
Du gabst einen Nil an den Himmel;
er steigt ihnen herab
und schafft Wasserfluten auf den Bergen,
um ihre Felder zu netzen mit ihrem Gebührenden.
Wie wohltätig sind doch deine Pläne,
    du Herr der Ewigkeit!
Der Nil am Himmel, er ist deine Gabe
    für die fremden Völker
und alles Wild im Gebirge, so da auf Füßen geht;
Der wahre Nil aber, er kommt aus der Unterwelt in der
    Tiefe für Ägypten.

Deine Strahlen ernähren nach Ammen Weise
alle Pflanzungen.
Wenn du aufleuchtest, so leben und wachsen sie für dich.
Du machst die Jahreszeiten, um etwas werden zu lassen
alle deine Geschöpfe,
den Winter, um sie zu kühlen,
die Glut des Sommers, damit sie dich kosten.
Du hast den Himmel gemacht fern von der Erde,
um an ihm aufzuleuchten,
um alles, was du, einzig und allein du, geschaffen hast,
    zu sehen
wenn du aufgeleuchtest bist in deiner Gestalt als lebendige
    Sonne,
erschienen und glänzend, fern und doch nah.

Du machst Millionen von Gestalten aus dir, dem Einen,
Städte, Dörfer, Äcker, Weg und Strom.
Alle Augen erblicken dich sich gegenüber,
indem du die Sonne des Tages bist über der Erde.
Wenn du davongegangen bist
und wenn alle Augen, deren Gesicht du geschaffen hast,
damit du nicht mehr allein dich selbst sähest, schlummern,

und nicht einer mehr sieht, was du geschaffen hast,
so bist du doch noch in meinem Herzen.

Es gibt keinen andern, der dich wirklich kennte,
außer deinem Sohne König Nefercheprure Wanre;
du läßt ihn kundig sein deiner Pläne und deiner Macht.
Die Welt befindet sich auf deiner Hand,
wie du sie geschaffen hast.
Wenn du aufgeleuchtet bist, leben sie,
wenn du zur Rüste gehst, sterben sie.
Du bist die Lebenszeit selbst, man lebt in dir.
Die Augen schauen Schönheit, bis du zur Rüste gehst.
Niedergelegt werden alle Arbeiten, sobald du zur Rüste
gehst zur Rechten.
Wenn du wieder aufleuchtest, so läßt du jeden Arm sich
rühren für den König,
und Eile ist in jedem Beine,
seit du die Welt gegründet hast.
Du erhebst dich wieder für deinen Sohn, der aus deinem Leibe
hervorgekommen ist, König Echnaton und die Königin
Nefernefruaton Nofretete.

Liturgische Lieder an den Sonnengott

Anbetung des Sonnengottes bei seinem Aufgang
im östlichen Lichtland des Himmels
durch den Osiris, selig.

Er sagt: Gegrüßet seiest du, Re bei seinem Aufgang,
Atum bei seinem Untergang!
Du gehst auf, du gehst auf,
du erstrahlst, du erstrahlst,
du bist erschienen gekrönt zum König der Götter.

Du bist der Herr des Himmels, der Herr der Erde,
Schöpfer der Oberen und der Unteren,
Einziger Gott, der im Anbeginn entstand,
Schöpfer der Länder, Hervorbringer der Menschheit,
Schöpfer des Urwassers, Hervorbringer des Nils,
Schöpfer der Flut, Erhalter dessen, was in ihr ist,
der die Berge knüpft, der die Menschen und das Vieh
entstehen läßt.
Himmel und Erde grüßen im (Gestus) dein Antlitz
Maat umarmt dich allezeit ...

Lobpreis dir, du lebende Sonne
mit allem, was du geschaffen hast!
Sie beten dich an, wie du sie erschaffen hast.

Lobpreis dir mit dem, was sie alle sagen:
Jubel dir, dafür, daß du dich abmühst für uns!
Wir küssen dir die Erde dafür, daß du uns erschaffen hast!

Die Götter verneigen sich vor Deiner Majestät,
und erheben die Macht ihres Schöpfers,
jubelnd beim Nahen ihres Erzeugers.

Sie sagen zu dir: Willkommen,
  Vater der Väter aller Götter!
Der den Himmel hochhob und den Erdboden zurückstieß,
der das Seiende macht und das Existierende schafft,
Herrscher, Oberhaupt der Götter!
Wir beten an deine Macht, wie du uns erschaffen hast,
wir handeln für dich, weil du dich abmühst für uns,
wir küssen dir die Erde dafür, daß du uns erschaffen hast.

Jedes Gesicht betrachtete seinen Nächsten,
sie jubeln für dich, sie freuen sich um dich,
sie machen Ovationen deinem Ka,
sie beten dich an, wie du sie geschaffen hast,
sie küssen dir die Erde, da du sie geschaffen hast,
sie reden zu dir mit ihrem Munde,
sie preisen dich mit Lob, Lob!

Re erscheint,
er hat seinen Thron eingenommen,
wie schön ist dein Aufgang im Lichtland,
du hast die beiden Länder erleuchtet mit deinen Strahlen,
du bist gekommen in deinem Erscheinen,
du hast Himmel und Erde erleuchtet.
Der im Himmel aufgeht, seinen Tau gibt,
er hat die Finsternis vertrieben mit seinen Strahlen.
Er geht auf im Lichtland des Himmels,
er hat die beiden Ufer mit Gold erleuchtet,
er hat die Erde funkelnd gemacht mit seinem Strahlenglanz.
Deine Strahlen sind aufgegangen in deinem Lichtauge,
du hast die beiden Länder erhellt mit deiner Schönheit,
deine Haut ist glänzend beim Beleben der Herzen,
du hast die beiden Länder erfüllt mit Liebe zu dir.
Geschieht dein Aufgang am Morgen
im östlichen Lichtland des Himmels,
(dann) sind ihre Arme im Lobpreis deinem Ka,
man lebt auf: du hast deine Strahlen gegeben.

Aus dem Ägyptischen Totenbuch

Ein Hymnus an Ra

Sei mir gegrüßt, o Ra!
Über dem Horizonte, gleich Tum, steigest du auf,
und gleich Horus-Khuti erreichst du die Höhe am Himmel.
Wenn du segelst in deiner göttlichen Barke,
mein Körper auf Erden badet im Licht deiner Strahlen.
Am Anblick deiner göttlichen Schöne
  erfreut sich mein Auge,
herrschet der Friede im unermeßlichen Himmel.
Sieh, der Wind bläht deine Segel und erfreuet das Herz.
Mit mächtigen Schritten umläufst du die Weiten;
deine Feinde liegen zu Boden gestreckt;
Frieden im Himmel herrscht.
Die Planetengeister kreisend um dich
singen dir Ruhm;
und wenn du hinter den Bergen des Westens
am Horizonte hinabsteigst,
der Fixsterne schützende Geister
neigen sich vor dir und beten dich an.
Deine Schönheit ist groß
in der Morgendämmrung, am Abend.
Du, Herr des Weltenlebens, der Weltenordnung,
sei mir gegrüßt, Ra, wenn du am Horizonte aufsteigst,
wenn du am Abend, Tum ähnlich, zur Ruhe gehst.
Denn wahrlich, sie sind schön, deine Strahlen,
wenn auf der Höhe des Himmelsgewölbes
du vorbeiziehst in all deiner Herrlichkeit.
Die Göttin Nut, die dich geboren, weilt dort.
Gekrönt bist du zum König der Götter;
und Nut, deine Mutter, die Göttin des himmlischen Meeres,
sie neigt sich vor dir und betet dich an.
Weltenordnung und Weltharmonie strahlen aus dir.

Vom Morgen, da du emporsteigst, bis zum Abend,
da du zur Ruhe gehst,
mit mächtigen Schritten durchziehst du den Himmel.
Vor Freude dein Herz überquillt,
und tief ist der Friede des himmlischen Sees.
Gestürzt ist der Dämon!
Abgehauen die Glieder, gebrochen die Wirbel!
Zum Hafen treiben
die segenbringenden Winde dein Schiff …
Die Götter im Westen und Süden, im Osten und Norden
beten dich an.
Du, göttliches Ursein, aus dir
entsprungen des Daseines Formen und Wesen …
Sieh nun, o Herr! Dein Mund läßt ertönen ein Wort,
und schweigend lauscht dir die Erde.
Du einziger Gott! Du glänztest am Himmel
in urferner Vergangenheit, wo die Erde
und ihre mächtigen Bergesketten,
noch nicht geschaffen …
Du, der Schnell-Laufende! Du, der Herrscher, der Einzige!
Du, der Schöpfer alles Wesens und Webens!
Am Zeitenanbruch
schufst du der himmlischen Götter Zunge.
Aus dem Urmeer hobst du empor die Wesen
und rettetest sie auf die Meeres-Insel des Horus …
Könnt ich atmen die Luft, die dich erfüllt
und den erfrischenden Nordwind genießen,
welchen Nut, deine Mutter, dir bringt!
O Ra, meinen Geist segne in Gnaden!
Osiris, gib meiner Seele ihr göttliches Wesen zurück!
Sei mir gegrüßet, du Götterherrscher!
Sei gepriesen dein Name,
du Schöpfer der herrlichen Werke!
Mit deinen Strahlen beleuchte, o Gott,
meinen Körper, der, in die Erde verscharrt,
ruhet in Ewigkeiten! …

Die Sonne als Symbol des Brahman

Die Sonne ist das Brahman, so lautet die Anweisung (zur Verehrung). Darüber ist diese Erläuterung.
Diese Welt war zu Anfang nichtseiend; dieses (Nichtseiende) war das Seiende. Dasselbe entstand. Da entwickelte sich ein Ei. Das lag da, solange wie ein Jahr ist. Darauf spaltete es sich; die beiden Eierschalen waren die eine von Silber, die andere von Gold.

Die silberne ist die Erde, die goldene der Himmel dort. Die äußere Eihaut (Chorion) sind diese Berge, die innere Eihaut (Amnion) sind hier Wolken und Nebel, die Gefäßadern sind die Flüsse, das Fruchtwasser ist der Ozean.

Was aber dabei geboren wurde, das ist die Sonne dort; als sie geboren war, erhob sich lärmendes Jauchzen hinter ihr her und alle Wesen und alle Wünsche. Daher kommt es, daß bei ihrem Aufgange und ihrer jedesmaligen Wiederkehr lärmendes Jauchzen und alle Wesen und auch alle Wünsche sich erheben.

Wer, dieses also wissend, die Sonne als Brahman verehrt, bei dem ist Hoffnung, daß ihm beifälliges Jauchzen entgegenschallt und ihn erquickt, – und ihn erquickt.

Aus dem Righ-Veda

An den Sonnengott Surja

Die Strahlen tragen aufwärts schon
im Angesicht der ganzen Welt
den Sonnengott, der Alles weiß.

Es schleichen wie ein Dieb sich fort
die Sterne dort mitsamt der Nacht
vor Surja, welcher Alles sieht.

Es werden sichtbar seine Strahlen,
die alle Wesen rings erhellen
wie blitzend helle Feuerflammen.

Gesehn von Allen ziehst du hin
und bringst das Licht, o Sonnengott,
und machst den ganzen Äther hell.

Auf steigst du vor dem Göttervolk,
auf vor den Menschen, vor dem All,
um dir den Himmel zu beschaun.

O Reiniger, mit deinem Auge,
mit welchem du hier überschaust
die immer rege Menschenwelt:

Durchläufst du, Tag und Nacht bestimmend,
o Surja, und die Wesen sehend,
den Himmel und den weiten Äther!

Es fahren sieben falbe Rosse
im Wagen dich, o Sonnengott,
du Strahlenlockiger, du Erleuchter!

Mit diesen sieben reinen Rossen,
die deinen Wagen ziehn und die
er selbst anspannt, fährt er daher. –

Nach Finsternis das schöne Licht
erblickend, nahn wir, Surja, dir,
dem Götter-Gott, dem höchsten Licht.

Aufgehend heut, o große Sonne,
und bis zum höchsten Himmel steigend,
nimm meine Angst, mein Herzeleid!

Aus dem Righ-Veda

An die Morgenröte

Wie des Meeres glänzendhelle Wasserwogen
sind der Morgenröthe Strahlen aufgestiegen;
Alles machst du wegsam rings und Alles gangbar,
Gnädig ist genaht die hehre Morgenröte.

Glücklich bist erschienen du und weithin leuchtend,
deine Strahlen sind zum Himmel aufgeflogen;
glänzend öffnest du die Brust, o Morgenröte,
hohe Göttin, du im Strahlenschimmer leuchtend!

Rötlichhelle, glänzend schöne Stiere fahren
sie, die Sel'ge, Unbesiegte, Weitberühmte;
wie der Held mit seinem Speer verjagt die Feinde,
so auch bannt sie schnell der Finsternisse Scharen.

Die du Weg' und Stege hast in allen Bergen,
die du selbst die Wasser überschreitest,
o so bringe doch, auf weitem Wagen leuchtend,
Nahrung zum Genuß für uns, o Himmelstochter!

Fahre doch mit deinen Stieren, Unbesiegte!
Segen bringst du uns nach Wunsch, du Himmelstochter!
Als die Göttin, die beim Frühgebet zu ehren
heil'ge Pflicht ist, bist du sichtbar uns geworden.

Gebet an die Sonne

Es möge zunehmen die unsterbliche, glänzende Sonne, die mit schnellen Pferden versehene, an großer Majestät.
Die Sonne, die unsterbliche, glänzende, mit starken Pferden begabte, preisen wir.
Wenn die Sonne in der Helle leuchtet, da stehen die himmlischen Yazatas, Hunderte, Tausende. Sie tragen den Glanz zusammen, sie verbreiten den Glanz, sie verteilen den Glanz auf der von Ahura geschaffenen Erde, und fördern die Welt des Reinen.
Wenn die Sonne emporwächst, da ist die von Ahura geschaffene Erde rein, das fließende Wasser rein, das Samenwasser rein, das Wasser der Seen rein, es sind die reinen Geschöpfe gereinigt.
Denn wenn die Sonne nicht aufgeht, da töten die Daevas alle, die in sieben Kareshvares leben.
Wer da opfert der Sonne, um zu widerstehn den Finsternissen, um zu widerstehen den Daevas, die aus der Finsternis stammen, um zu widerstehen den Dieben und Räubern, um zu widerstehen dem Vergänglichen, Verderblichen, der opfert dem Ahura Mazda, der opfert seiner eigenen Seele. Es stellt zufrieden alle himmlischen und irdischen Yazatas, wer da der Sonne opfert.
Ich will preisen den Mithra, der weite Triften besitzt, tausend Ohren und zehntausend Augen hat, preisen die Keule, die wohl angewandte gegen den Kopf des Daevas, die gehört dem Mithra, der weite Triften besitzt.
Ich preise die Freundschaft, die unter den Freundschaften die beste ist zwischen Mond und Sonne.
Wegen ihres Glanzes, wegen ihrer Majestät will ich ihr opfern mit hörbarem Preise.
Die Sonne, die unsterbliche, glänzende, mit schnellen Pferden begabte, preisen wir.

DEM MUSIKMEISTER; EIN PSALM VON DAVID

19. Psalm

Die Himmel verkünden Gottes Herrlichkeit
und vom Werk seiner Hände erzählt die Feste.
Ein Tag ruft dem andern die Botschaft zu,
und eine Nacht vermeldet der andern die Kunde.
Da ist keine Sprache, da sind keine Worte,
unhörbar ist ihre Stimme;
und doch: durch alle Lande dringt ihr Schall
und ihre Rede bis ans Ende des Erdkreises,
der Sonne hat er dort ein Zelt gesetzt.
Und sie, – wie ein Bräutigam tritt sie hervor aus ihrem Gemach,
sie freut sich wie ein Held, zu durchlaufen die Bahn.
Vom Ende des Himmels geht sie aus,
und ihr Umlauf reicht wieder bis zu dessen Ende,
und nichts bleibt verborgen vor ihrer Lichtglut.

An Helios

Verharrt in tiefem Schweigen,
Luft, Erde, Meer und Winde,
seid stille, Berg' und Täler,
still, Sängerchor der Wälder,
denn es naht der hauptumwallte
Phöbus mit den goldenen Locken,
der Erzeuger der schimmernden Eos,
Der mit rosigem Wagen und Rossen
im Sturme die Pferde dahinjagt
im Schmucke des wallenden goldenen Haars,
um des Himmels unendliche Wölbung rings
ausgießend die zuckenden Strahlen, den Quell
des alles erschauenden Lichtmeers,
und die Erde mit ihnen umspannend. –
Dir schlingen des Nachts an des Himmels Rund
die funkelnden Sterne den Reigen
und singen, entzückt von dem Klange
der Leier, ein schwärmerisch Jubellied.
Dir wandelt voran mit dem blassen
Antlitz, sie führend, Selene,
und die Ströme des göttlichen Feuers, von dir
ausgehend, erzeugen den herrlichen Tag.
Du erbebst vor Wonne, des Weltalls Pracht
und Farben in Huld zu beleuchten.

Mimnermos

Helios

Wahrlich, ein mühvoll Amt muß Helios täglich verwalten;
Auch kein einziges Mal ist ja den Rossen und ihm

innezuhalten vergönnt, sobald zur Höhe des Himmels
aus des Okeanos Flut Eos, die rosige, stieg.

Aber ihn trägt bei Nacht durch die Woge das wonnige Lager,
das aus lauterem Gold künstlich Hephästos gewölbt;

über den Spiegel des Meers auf eilenden Fittichen schwebend
trägt es den Schlummernden sanft fort von Hesperiens Strand

zum Äthiopengestad, wo sein das Gespann mit dem Wagen
harrt, bis wieder des Tags dämmernde Frühe sich naht.

Mesomedes

Fei're ringsum, hoher Äther

Fei're ringsum, hoher Äther!
Und ihr Täler und ihr Berge,
Erd und Meer und Lüfte, schweiget!
Schweigt, ihr Vögel, schweig, o Echo,
denn zu uns wird Phöbus nahn,
der lockige Sänger.
O du, der holden Aurora
Vater, der ihren rosigen Wagen
mit dem Flügeltritt der Rosse verfolgt,
Frohlockend im goldenen Haar
den unendlichen hohen Himmel hinan.
Um dich windend den vielgelenkigen Strahl,
lenkst du den güterreichen Glanzquell
rings um die ganze Erd,
und Ströme ambrosischen Feuers
bringen von dir uns her den lieblichen Tag.
Der schöne Chor der Sterne tanzt
am Olympus dir, dem Könige, Reihentanz,
unstimmend dir sein heiliges Lied,
entzückt von der phöbeischen Leier Klang:
indes vor ihnen her die blasse Luna
anführt den frühen Chor,
bespannt den Wagen mit weißer Stiere Gespann;
er aber freut in seinem Gemüt sich hoch
und eilt hinüber die viel durchpfadete Welt.

An Helios, den Gott der Sonne

Hör mich, Glückseliger! Waltend
des alldurchschauenden, ewigen Auges,
fernhochwandelnder, himmlische Leuchte,
goldblinkender Titan;
Unermüdlicher, Selbsterzeugter,
holder Anblick der Lebenden!
Zur Rechten der Morgenröte
Erzeuger, zur Linken der Nacht,
du mengst im Viertakt des Reigens
der Horen wechselnde Schar;
Schnellfüßiger, Feuriger, Wirbelentfacher,
Heiterblickender, Lenker des Wagens,
der in Wirbeln umfährt
des unermeßlichen Kreises Bahn.
Frommen ein Weiser zur Schönheit,
doch den Bösen feindlich gesinnt.
Du lenkst mit goldener Leier
des Alls harmonische Bahn,
Aufzeiger der Werke des Guten,
Herd, der Horen ernährt.
Herrscher des Alls, mit Flötengesang,
feuriger Renner, im Kreise wirbelnd,
schimmernder Bringer des Lichts,
Spender des Lebens, fruchtgebender Paian,
Ewigblühender, Fleckenloser,
Vater der Zeit, unsterblicher Zeus!
Heiterer, Allerleuchtender,
kreisendes Auge des Alls,
brennend und lodernd, schönglänzend in Strahlen,
Richter des Rechtes, der Flüsse Freund;
König des Weltalls, Wächter der Treue,

immerdar Höchster, Helfer und Freund,
Lebenslicht, der Gerechtigkeit Auge,
Rosselenker, mit schwirrender Geißel
den vierspännigen Wagen treibend –
Helios, höre mein Wort:
Wonniges Leben zeige den Mysten!

Ovid

Verwandlungen

Phaethon. Die Heliaden.

Stattlich erhöht stand da Sols Burg auf ragenden Säulen,
hell von blinkendem Gold und von flammengleichem Pyropus.
Glänzendes Elfenbein war oben die Zierde des Giebels;
Strahlend prangten die zwei Torflügel im Lichte des Silbers.
Über den Stoff noch siegte die Kunst. Dort hatte gebildet
Mulcibers Kunst das Meer, wie es rings umgürtet die Länder,
und die gerundete Erd und den Himmel über der Rundung.
Bläuliche Götter umschließet die Flut, den blasenden Triton,
Proteus' Wandelgestalt und den Riesen Aegaeon, wie jener
drückt mit den Armen dem Wal den mächtigen Rücken, und Doris
uns, die Doris gebar. Teils scheinen zu schwimmen die Jungfraun,
teils auf felsigem Riff sich die grünlichen Haare zu trocknen,
teils auf Fischen zu ruhn. Nicht gleich ist allen das Antlitz,
ohne verschieden zu sein, so wie es bei Schwestern geziemend.
Männer besitzt und Städte die Erd und Wälder und Tiere,
Flüsse und Nymphen dazu und die anderen Mächte der Fluren.
Drüber stehet gewölbt das Gebilde des glänzenden Himmels,
Und sechs Zeichen sind rechts und sechs auch links an dem Tore.

Als nunmehr dorthin auf steigendem Pfad er gelangt war,
Clymenes Sohn trat in das Haus des bezweifelten Vaters,
lenkt er die Schritte sofort nach dem Antlitz seines Erzeugers;
fern dann bleibt er stehn; denn näher vermochte sein Auge
nicht zu ertragen das Licht. Da saß im Purpurgewande
Phoebus auf prächtigem Thron, der glänzet von hellen Smaragden.
Neben ihm stand Tag, Monat und Jahr zur Rechten und Linken,
die Jahrhunderte auch, und in gleichem Abstand die Horen,
stand frisch grünender Lenz, umwunden von blühendem Kranze,
stand mit dem Ährengeflecht im Haar der entkleidete Sommer,

stand der Herbst, mit dem Saft der gestampften Trauben besudelt,
endlich der Winter, beeist und wirr das ergrauende Haupthaar.
Dort aus der Mitte des Raumes ward Sol des betroffenen Jünglings,
der bang staunte, gewahr mit den alles erblickenden Augen.
«Was trieb dich auf den Weg? Was suchest du, Phaethon», sprach er,
«hier in der Burg, du Sproß, der nicht zu verleugnen dem Vater?»
Jener darauf: «O gemeinsames Licht des unendlichen Weltalls,
Vater Phoebus, wofern du mir solche Benennung gestattest
und nicht Clymene Schuld mit falschem Gebilde verhehlet,
gib mir, Erzeuger, ein Pfand, das mich als wirklichen Sprößling
zeige von dir und unser Gemüt von dem Zweifel befreie.»
Phaethon sprach's. Ablegt der Erzeuger die blendenden Strahlen,
die umglänzen sein Haupt, und gebietet ihm näher zu treten,
und er umarmt ihn und spricht: «Wohl bist du der Meine zu heißen
würdig, und Clymene tat dir kund wahrhaftigen Ursprung.
Daß du dem Zweifel entsagtest, erbitte beliebige Gabe,
und ich gewähre sie dir. Der Pfuhl, bei welchem die Götter
schwören, von uns noch nimmer geschaut, sei Zeuge des Wortes!»
Kaum war solches gelobt, als jener den Wagen des Vaters
heischt und das Recht, für den Tag die geflügelten Rosse zu lenken.

Jetzo bereut sein Vater den Schwur, und er schüttelt im Unmut
drei-, viermal sein leuchtendes Haupt: «Durch dein Wort»,
also sprach er,
«ward sinnlos das meine. Oh, wär es vergönnt, das Verheißne
nicht zu verleihn! Dies würd ich dir, Sohn – ich gesteh es –,
versagen.
Warnung jedoch ist vergönnt. Nicht ist dein Verlangen gefahrlos.
Großes erstrebt dein Wunsch, o Phaethon, was den geringen
Kräften mitnichten geziemt noch so unmännlichen Jahren.
Dir fiel sterbliches Los; nicht sterblich ist, was du begehrest.
Höheres gar, als was zu erreichen den Himmlischen möglich,
forderst du ohne Bedacht. Sich selbst mag jeder genügen;
aber von allen vermag auf der feurigen Achse zu stehen
keiner denn ich. Der Beherrscher sogar des weiten Olympus,
der mit der schrecklichen Hand hinschmettert vernichtende Blitze,

lenkt nicht dieses Gespann: und was gleicht Jupiters Größe?
Steil ist der Weg im Beginn, wo kaum in der Frühe die frischen
Rosse sich mühen hinan. Hoch steigt er inmitten des Himmels,
wo tief unten das Meer und die Lande zu sehen mir selber
oftmals graut und die Brust mir erbebt vor banger Besorgnis.
Jäh ist am Ende die Bahn und bedarf der sicheren Leitung.
Dann ist Tethys sogar, die mich in den Schoß der Gewässer
unten empfängt, in Furcht, daß schwindligem Sturz ich erliege.
Denke dazu, daß, gerafft von ständigem Schwunge, der Himmel
mitzieht hohe Gestirn und in eiligem Wirbel herumdreht.
Gegen ihn streb ich mit Macht, und der Kraft, die alles bewältigt,
trotz ich und lenke die Fahrt entgegen der wälzenden Kreisung.
Laß dein sein das Gespann: Was tätest du? ...

Hüte dich, Sohn, und bessre den Wunsch, da noch es vergönnt ist.»
... Also mahnte der Gott. Doch jener verschmähte die Warnung
und hält fest am Entschluß und brennt vor Begier nach dem Wagen.
«... Nimm den Zügel zur Hand! Doch bist im Gemüte du lenksam,
mache dir unseren Rat, nicht unseren Wagen zunutze,
da du es kannst und Stand noch hast auf gediegenem Grunde,
ehe du ratlos beschwerst die leider begehrete Achse.
Daß du sicher es schaust, laß Licht mich geben den Ländern.»

Leicht im Schwunge besteigt den flüchtigen Wagen der Jüngling
und steht oben und hält in der Hand die gegebenen Zügel
freudig und dankt von da dem Vater, der ungern es höret.
Pyrois, Aethon indes und Eous und Phlegon als vierter,
Phoebus' Flügelgespann, erfüllen die Lüfte mit Wiehern
flammenden Hauchs und schlagen im Drang mit den Hufen die Schranken.
Tethys schob diese zurück, sie ahnt nicht des Enkels Verhängnis,
und als frei nun lag der weite, unendliche Weltraum,
stürzen sie hastig dahin und die Luft mit den Hufen zerteilend,
bahnen sie sich durch Wolken den Weg, und von den Schwingen gehoben,
eilen dem Ost sie voraus, der weht von der nämlichen Gegend.

… Viel hat er bereits vom Himmel im Rücken;
vor ihm dehnet sich mehr. Im Geiste ermißt er die Strecken.
Vorwärts bald, wohin das Geschick zu gelangen ihm wehret,
schaut er zum Untergang; bald rückwärts schaut er zum Aufgang.
Ratlos starrt er in Angst und läßt die Zügel nicht fahren,
noch auch zieht er sie an, noch weiß er die Namen der Rosse.
Hier und da auch sieht er mit Zittern am wechselnden Himmel
Wundergestalten verstreut und Gebilde von drohenden Tieren.
Südwärts zeigt sich ein Ort, wo die Scheren in doppelter Windung
krümmet der Skorpion und, beugend den Schwanz und die Arme,
in den Bereich von zwei Sternzeichen die Glieder hinausstreckt.
Als ihn Phaethon sah, wie er troff vom Schweiße des schwarzen
Giftes und ihn mit dem Stich des gebogenen Stachels bedrohte,
ließ er vor eisigem Schreck sinnlos aus den Händen die Zügel.
Als sie aber erschlafft nun oben die Rücken berührten,
schweifen die Rosse vom Weg und sprengen, von keinem gehalten,
durch den entlegensten Raum, und wohin sie treibt das Gelüste,
jagen sie ohne Gesetz, und an Sterne, die oben im Äther
fest stehn, rennen sie an und reißen den Wagen durch Wildnis.
Bald in schwindelnde Höhn, bald fahren sie jäh in die Tiefe
auf abschüssigem Pfad und gehn ganz nah an der Erde,
und mit Verwunderung sieht tief unter dem ihrigen Luna
laufen des Bruders Gespann, und es dampfen versengt die Gewölke.

… Aber die Himmlischen nimmt der allmächtige Vater zu Zeugen
und ihn selbst, der geliehen das Gespann, daß alles verderbe,
rett er nicht in der Not. Und er steigt auf die oberste Zinne,
wo er das Gewölk anhäuft und weit umziehet die Lande,
wo er den Donner erregt und schleudert geschwungene Blitze.
Aber Gewölk war nicht, womit er umzöge die Lande,
noch war Regen ihm jetzt zu Gebot, den er gösse vom Himmel.
Donner erscholl, und rechts vom Ohr auf den Lenker des Wagens
sandt er im Schwunge den Blitz, und vom Leben zugleich und den Rädern
rafft' er ihn weg und bezwang mit schrecklicher Flamme die Flammen.

Scheu fährt auf das Gespann und reißet im Sprung auf die Seite
schleunig den Hals aus dem Joch und verläßt die zersprengten
Riemen.
Dorthin fällt das Gebiß, und dort, von der Deichsel gerissen,
lieget die Achs und hier die Speichen zerbrochener Räder,
und weit fliegen zerstreut vom zertrümmerten Wagen die Reste.

Phaethon aber, vom Brande die rötlichen Haare verwüstet,
stürzt kopfüber hinab, und im Strich langhin durch die Lüfte
flieget er, wie wenn ein Stern bisweilen dem heiteren Himmel,
wenn nicht wirklich entfällt, doch scheint, als ob er entfiele.
Fern vom heimischen Land nimmt jenen im Westen der große
Strom Eridanus auf und bespült sein rauchendes Antlitz.
Den vom zackigen Strahl noch rauchenden Leichnam bestatten
Nymphen hesperischer Flut und zeichnen den Stein mit dem
Denkspruch:
«Phaethon ruht allhier, der lenkte den Wagen des Vaters.
Wenn er ihn auch nicht hielt, doch sank er in großem Beginnen.»

Denn sein Vater verbarg trostlos in schmerzlicher Trauer
sein umhülltes Gesicht, und – wofern wir glauben der Sage –
ohne die Sonne verging ein Tag. Die Lohe gewährte
Helle des Tags, und so bot doch einigen Nutzen das Unheil.

TSCHANG – KIEN

Sonnenaufgang im Kloster

Das reine Licht der Frühe dringt schon in
das alte Kloster ein; die rosigen Wipfel
der Bäume künden, daß die Sonne naht.

An diesen Ort der Einsamkeit gelangt man
nur auf geheimen Pfaden. Unter Blumen
und Laubwerk träumt der Mönche stilles Heim.

Sobald das Licht auf dem Gebirge erstrahlt,
erwacht das Lied der Vögel. Meine Augen
sehen in das tiefe, klare Wasserbecken

des heiligen Teiches, so als blickten sie
in die Gedanken eines guten Menschen,
des Herz gerührt ist und von Sünde frei.

Der wilde, tausendfache Lärm der Welt
verirrt sich nie in diese Einsamkeiten,
darin das tiefe Glück des Friedens wohnt.

Hier wacht nur eine wundervolle Stimme
der Harmonie zuweilen auf: das Läuten
der alten Glocken, ernst und feierlich.

Unbekannter Dichter

Chinesisches Morgenlied

Im Osten beginnt es zu dämmern, bleicher flimmern die Sterne.
Zum Weckruf erklimmt der Hahn aus Ju-nan den Stand.
Das Lied ist verklungen, die Uhr vertropft, man setzt die Matten und Schirme.
Mond und Sterne erlöschen, der Morgen umfängt die Welt.
Von tausend Toren und zehntausend Türen zieht man die hölzernen Fische,
Um den Palast und über die Mauern beginnt Krähe und Elster den Flug.

Ibn Scharaf

Lang war die Nacht

Lang war die Nacht und träg der Tag, zum Aufbruch sich zu
rüsten,
die Sterne klagten, daß so lang sie diesmal wachen müßten;
doch endlich blies der Morgenwind hinweg die dunkle Hülle,
und aus den Gärten ringsum stieg der Wohlgerüche Fülle.
Im Osten wies, vor Scham erglüht, von Schüchternheit befangen
die Morgenröte nach und nach die taugenäßten Wangen.
Im Fliehen schritt von Stern zu Stern die Nacht im
Himmelsraume,
und einer nach dem andern sank wie Blätter von dem Baume.
Zuletzt erschien die Sonne selbst in strahlendem Gefunkel,
und bei des Tages Nahen schwand dahin das nächtge Dunkel!
Lang hatt' ich, auf dem Lager wach, umsonst nach Schlaf
gerungen,
bis endlich um die Frührotzeit der Schlummer mich bezwungen:
Als so ich lag und um mich her auf Blumen, frisch erschlossen,
vom Wind der Frühe rings versprengt, des Taues Tränen flossen,
da trat als Traumbild jene, die so oft ich unter Tränen
herbeigewünscht, zu mir heran, und stillte so mein Sehnen.
Wie schön die Vielgeliebte war mit ihren vollen Hüften!
Wie schwankte, hin und her gewiegt, ihr die Gestalt in Lüften!
Als sie zurück das schwarze Haar sich schlug vom Angesichte,
dacht' ich des Morgens, der die Nacht verscheucht mit seinem
Lichte.
Denn schwärzer ist das Nachtgraun nicht, als ihre Lockenhaare,
und aller Glanz des Frührots strahlt von ihrem Wangenpaare.

Sahl ibn Malik

Des Morgens Strom

Des Morgens Strom begann im Ost zu steigen,
nahm sich als Meer den Horizont zu eigen;
der Tauben Klagruf unterbrach das Schweigen –
sie schienen vorm Ertrinken Angst zu zeigen –;
dann weinten sie im Frühlicht auf den Zweigen.

Ditmar von Aist

Liebster! Liebster! schläfst du noch?

Liebster! Liebster! schläfst du noch?
Liebster! Liebster! höre doch!
Ein Vöglein flog in die Linde vor Tag,
Weckte mich, hör, was es singen mag!

«Was weckst du mich, ich schlief noch tief.
Nun höre ich, wie eine Stimme rief:
Waffen und Kampf, Liebe und Leid
Reiten zusammen enges Geleit.»

Da weinte die Süße, sie sah ihn an:
«All meine Freude, liebster Mann,
Sag, wann kommst du wieder zu mir.
All meine Freude reitet mit dir.»

Franz von Assisi

Gesang von den Geschöpfen oder von dem Bruder Sonne

Höchster allmächtiger gütiger Herr:
Dein ist der Preis, die Herrlichkeit und die Ehre und
jegliche Benedeiung:
Dir allein gebühren sie:
Und kein Mensch ist würdig dich zu nennen.

Gepriesen seist du, Gott mein Herr, mit allen deinen
Geschöpfen, vornehmlich mit dem edlen Bruder Sonne:
Welcher den Tag wirkt und uns leuchtet durch sein Licht:
Und schön ist er und strahlend in großem Glanze:
Von dir, o Herr, ist er das Sinnbild.

Gepriesen sei mein Herr um der Schwester willen,
des Mondes, und um der Sterne willen:
Am Himmel hast du sie geformet klar und schön.

Gepriesen sei mein Herr um des Bruders willen, des Windes,
und um der Luft willen und der Wolken, und der heiteren
Luft und jeglicher Witterung:
Durch welche du deinen Geschöpfen Erhaltung schenkest.

Gepriesen sei mein Herr um der Schwester willen,
des Wassers:
Welche sehr nützlich ist und demütig und köstlich und
keusch.

Gepriesen sei mein Herr um des Bruders willen, des Feuers,
durch welches du die Nacht erhellest:
Und er ist schön und freudig, und sehr stark und gewaltig.

Gepriesen sei mein Herr um unsrer Mutter willen, der Erde:
Die uns ernähret und träget und mannichfaltige Früchte gebiert,
und farbige Blumen und Kräuter.

Gepriesen sei mein Herr um deren willen, welche verzeihen
aus Liebe zu dir, und Schwachheit dulden und Trübsal:
Selig diejenigen, welche dulden in Frieden: denn von dir o
Höchster, werden sie gekrönet werden.

Gepriesen sei mein Herr um unsrer Schwester willen, des
leiblichen Todes:
Welchem kein lebender Mensch entrinnen mag.
Wehe dem, welcher in einer Todsünde verstirbt:
Selig diejenigen, welche ruhen in deinem allerheiligsten Willen:
Denn ihnen mag der zweite Tod kein Übel tun.

Preiset und benedeiet meinen Herrn und saget ihm Dank:
Und dienet ihm in großer Demut.

Erasmus Alberus

Morgengesang

Steht auf, ihr lieben Kinderlein,
der Morgenstern mit hellem Schein
läßt sich frei sehen wie ein Held
und leuchtet in die ganze Welt.

Sei willkommen, schöner Stern!
Du bringst uns Christum, unsern Herrn,
der unser lieber Heiland ist,
darum du hoch zu loben bist.

Ihr Kinder sollt bei diesem Stern
erkennen Christum, unsern Herrn,
Marien Sohn, den treuen Hort,
der uns leuchtet mit seinem Wort.

Gotts Wort, du bist der Morgenstern,
wir können dein gar nicht entbehrn,
du mußt uns leuchten immerdar,
sonst sitzen wir im Finstern gar.

Leucht uns mit deinem Glänzen klar
und Jesum Christum offenbar;
jag aus der Finsternis Gewalt,
daß nicht die Lieb in uns erkalt.

Sei willkommen, lieber Tag,
vor dir die Nacht nicht bleiben mag;
leucht uns in unsre Herzen fein
mit deinem himmelischen Schein.

Thomas Campion

Tagruf

Wach auf, wach auf aus deinem Nichts,
du Seel, die schwer in Sünden schlief;
steh auf und such den Weg des Lichts!
Lägst du im Staub auch noch so tief,
denk an den Tagruf des Gerichts!
Such früh den Himmel, such ihn spät,
du weißt, daß er dir offen steht.

Drum auf, drum auf, beladner Geist,
und wandle durch die Dunkelheit;
die Lampe, die den Weg dir weist,
ob er nun kurz ist oder weit,
es ist dein Leben, das sie speist.
In einem Nu, im Hauch entflohn,
stehst du allein vor Gottes Thron.

Martin Opitz

Morgenlied

O Licht, geboren aus dem Lichte,
o Sonne der Gerechtigkeit,
du schickst uns wieder zu Gesichte
die angenehme Morgenzeit,
drum will uns gehören,
dankbarlich zu ehren
solche deine Gunst;
gib auch unsern Sinnen,
daß sie sehen können
deiner Liebe Brunst.

Laß deines Geistes Morgenröte
in unsern tunklen Herzen sein,
daß sie mit ihren Strahlen töte
der eitlen Werke kalten Schein.
Siehe, Herr, wir wanken,
Tun und auch Gedanken
gehn auf falscher Bahn.
Du wollst unserm Leben
deine Sonne geben,
daß es wandeln kann.

Verknüpfe mit des Friedens Bande
der armen Kirchen schwache Schar,
nimm weg von unserm Vaterlande
Verfolgung, Trübsal und Gefahr.
Laß uns ruhig bleiben,
unsern Lauf zu treiben
diese kleine Zeit,
bis du uns wirst bringen,
wo man dir soll singen
Lob in Ewigkeit.

Es tagt die Erde

Es tagt die Erde,
bedeckt sich mit Licht,
um den Schöpfer des
Menschen zu ehren.
Und der hohe Himmel
fegt seine Wolken fort,
um sich zu verneigen
vor dem Schöpfer der Welt.
Der König der Sterne
und Vater Sonne
breiten zu seinen Füßen
ihr Haupthaar.
Und der Wind sammelt
die Kronen der Bäume,
schüttelt die Zweige,
richtet sie auf gen Himmel.
Und im Schoße der Bäume
singen die Vögel,
huldigen glutvoll
dem Herrscher der Erden.
Alle Blumen,
die schönen, die stolzen,
verschwenden ihre Farbe,
ihren Duft.

Und in den Buchten des Sees,
einer Welt aus Kristall,
ist groß
das Frohlocken der Fische.
Der wasserreiche Fluß
mit rauher Stimme
lobt unaufhörlich
Wirakotscha.
Der Felshang, auch er
putzt sich mit Grün,
Und der Wald bei der Schlucht
steckt sich neue Blumen an.
Und die Schlangen,
die Bewohner der Berge,
kriechen herbei
zu seinen Füßen.
Die Vicuna* aus unwirtlicher Öde,
die Vizcacha** der Felsspalte
werden zahm
vor ihm.
Auch mein Herz
spendet Dank Dir
jeden Morgen,
Dir, dem Vater, meinem Erzeuger.

* gehört zur Gattung des Lamas.
** südamerikanischer Wollhase.

THOMAS HEYWOOD

Willkommen, Tag!

Gewölk, zunicht! Willkommen Licht!
Flieht in die Nacht, ihr Sorgen.
Du Frühwind, lauf! Steig, Lerche, auf!
Sagt meinem Lieb Gutn-Morgen!
Heb, Wind, die Schwing, ans Ohr ihr dring;
sollst, Lerch, dein Lied mir borgen;
putz, Nachtigall, dich auf zum Schall,
sag meinem Lieb Gutn-Morgen;
zu bieten ihr Gutn-Morgen,
will Lied um Lied ich borgen.

Rotkehl, das Nest auch du verläßt.
Singt all in vollen Chören!
Von Wald und Hang im Freudenklang
laßt für mein Lieb euch hören!
Pirol und Gauch aus jedem Strauch,
Star, Amsel sie aufstören!
Ihr Koboldvolk, in Schilf und Kolk
laßt eur Gutn-Morgen hören;
mein Lieb, sie soll euch hören,
singt, singt in vollen Chören!

Georg Philipp Harsdörffer

Der Sonnenaufgang

Es fliehet die düster geflügelte Nacht
und weichet den bleichen safranen Strahlen,
beginnend die Spitzen der Berge zu malen
mit Rosenfarb, Purpur und guldenem Pracht:
  Es steiget die Sonne,
  bezeuget die Wonne,
  erweckt die Schäfer
  und ruhenden Schläfer,
beglänzet die Grenzen und alle erfreuet,
bekränzet den Lenzen und alles erneuet.

Die Felder und Wälder erzeigen sich früh,
es singen und klingen der Vögelein Lieder,
man höret die Schellen der Schäfelein wieder,
es springet und ringet das muntere Vieh:
  Die Sonne besaftet,
  die Wärme bekraftet,
  erwecket, beglücket,
  bestärket, erquicket,
sie pfleget mit völliger Wärme zu kochen
die Kräuter, in nächtiger Kälte verkrochen.

So weichet die sündlich-verfinsterte Nacht,
weil Christus, der Heiland der Heiden, erschienen,
den Herzen mit leuchtenden Strahlen zu dienen,
der alles Verlorene wiedergebracht.
  Gerechtigkeit-Sonne,
  erfülle mit Wonne
  der Menschen Beginnen
  daß sündliches Sinnen
uns völlig erleuchtend nicht völlig betrübe
und jeder in göttlicher Liebe sich übe.

Andreas Gryphius

Morgensonett

Die ewighelle Schar will nun ihr Licht verschließen;
Diane steht erblaßt; die Morgenröte lacht
den grauen Himmel an; der sanfte Wind erwacht
und reizt das Federvolk, den neuen Tag zu grüßen.

Das Leben dieser Welt eilt schon die Welt zu küssen
und steckt sein Haupt empor; man sieht der Strahlen Pracht
nun blinkern auf der See. O dreimal höchste Macht!
Erleuchte den, der sich itzt beugt vor deinen Füßen!

Vertreib die dicke Nacht, die meine Seel umgibt,
die Schmerzensfinsternis, die Herz und Geist betrübt!
Erquicke mein Gemüt und stärke mein Vertrauen!

Gib, daß ich diesen Tag in deinen Dienst allein
zubring! und wenn mein End und jener Tag bricht ein,
daß ich dich, meine Sonn! mein Licht! mög ewig schauen!

Christian Hofmann von Hofmannswaldau

Aus dem Morgenlied

Das Licht, so sich verborgen,
macht itzt den neuen Morgen,
es sinkt die trübe Nacht,
die bleichen Sterne weichen,
der Monde will verstreichen,
und ich bin aufgewacht.

Herr, laß mit reinem Herzen
mich schauen diese Kerzen,
die Erd und Himmel ziert:
Laß doch den Schnee der Sünden,
für diesem Strahl verschwinden,
den du hast aufgeführt.

Herr, lenke mein Gesichte
hin zu dem rechten Lichte
und zu dem rechten Schein;
heb du des Geistes Schwingen,
die Wolken zu durchdringen,
so kann ich Adler sein.

PHILIPP VON ZESEN

Der Morgen

Der Nächte fahles Häupt, besprüht mit Perlentaue,
verliert sich allgemach; die junge Rittersfraue
zieht vor der Himmelsbraut und Sternenkönigin
in Gold aus Ophir her, der Sonnen Marschalkin;
das süße liebe Bild, das mit so manchen Liedern
der Lüfte Volk begrüßt, hat selbst den nassen Brüdern
und Schwestern auf der See ihr schilfisch Haupt vergüldt,
So, daß aus ihrem Krug auch güldnes Wasser quillt.
Der Sterne Herzog selbst, im silberblanken Rocke,
weicht seiner Königin, die nun als eine Tocke,
ja Braut aus ihrer Burg ins großen Königs Saal
soll werden aufgeführt. Sie schaue doch einmal,
o Schöne, welch ein Glanz und welch ein Blitz sich zeiget
dort gegen Morgen hin; der Wind wird still und schweiget,
die Wolken werden klar wie schimmernder Krystall,
mit Jaspen und Saphir vermischet überall …

ANGELUS SILESIUS (JOHANN SCHEFFLER)

Aus dem Cherubinischen Wandersmann

Wer in der Sonne ist, dem mangelt nicht das Licht,
das dem, der außer ihr verirret geht, gebricht.

Nimm hin der Sonne Licht: Jehova ist die Sonne,
die meine Seel erleucht, und macht sie voller Wonne.

Ich selbst muß Sonne sein, ich muß mit meinen Strahlen,
das farbenlose Meer der ganzen Gottheit malen.

Du sprichst, im Firmament sei eine Sonn' allein:
Ich aber sage, daß viel tausend Sonnen sein.

Rauh ist des Mond Gestalt ohn seiner Sonne Licht:
rauh ohne deine Sonn dein Seelenangesicht.

Die Sonne muß ihr Licht alln, die es wolln gewähren;
der Teufel würd' erleucht, wollt' er zu Gott sich kehren.

Die Sonne erwärmet alls, ja auch den kältesten Stein;
fühlst du die Wirkung nicht, so mußt du nicht mehr sein.

Daß dir im Sonnesehn vergehet das Gesicht,
sind deine Augen schuld und nicht das große Licht.

UNBEKANNTER DICHTER

Lied

Wach auf, mein's Herzens Schöne,
zart Allerliebste mein,
ich hör ein süß Getöne
von klein Waldvögelein,
die hör ich so lieblich singen.
Ich mein, ich sehe des Tages Schein
vom Orient her dringen.

Ich hör die Hahnen krähen,
ich spür den Tag dabei,
die kühlen Windlein wehen,
die Sternlein leuchten frei,
singt uns Frau Nachtigalle,
singt uns ein süße Melodei,
sie meldt den Tag mit Schalle.

Der Himmel tut sich färben
aus weißer Farb in Blau;
die Wolken tun sich färben
aus schwarzer Farb ins Grau;
die Morgenröt tut herschleichen,
wach auf, mein Lieb, und mach mich frei,
die Nacht will gar entweichen.

William Shakespeare

Die Sonn steht nah

Die Sonn steht nah, ein Tag hebt an,
nun auf mit frohen Sinnen!
Die Lerche will ihr helles Lied
vom blauen Himmel gwinnen.

Die Ringelblum vom Schlaf erwacht,
strahlt gleich der lieben Sonne.
Tu's ihnen gleich, tritt schön herfür,
schenk Leben aus und Wonne!

Jean Racine

Morgengesang

Die finstre Nacht, die blinde Dunkelheit,
entflieht, es tagt, vom Berg das Licht schon loht,
flieht, Geister, in des Kerkers Düsterheit,
aus eurer Schreckensmacht entband uns Gott.

Die Sonne hat die Schattennacht durchbohrt,
und Strahlenlanzen wirft sie durch die Luft,
zerreißt den Schleier, der die Welt umflort,
und schenkt dem All das Herz, den Farbenduft.

O Heil'ger Christ, Du, unser Licht allein,
nichts kennen wir, als nur Dein Leuchten noch,
hör unser Flehen, unser Geist ist Dein,
spann unsern Willen in Dein göttlich Joch.

Oft ruht die sünd'ge Seele auf dem Schein
der falschen Tugend sich vermessen aus:
Brich, ewiges Leuchten, mit dem Glanz herein
zum Armen in des Todes dunkles Haus.

Dir Lob und Preis, tiefe Dreieinigkeit,
o Vater, Sohn und Heil'ger Geist, verehrt
solang die Welt erhellt der Stern der Zeit,
und dann noch, wenn der Zeitlauf aufgehört.

Friedrich von Spee

Wenn frühe sich entzündet

Wenn frühe sich entzündet
der silberweiße Tag
und klar die Sonn verkündet,
was nachts verborgen lag,

die Lieb in meinem Herzen
ein Flämmlein stecket an,
das brennt gleich einer Kerzen,
die niemand löschen kann.

BARTHOLD HEINRICH BROCKES

Der Morgen

Wenn die Sonne aufgehet, verkündiget sie den Tag

Es wältzete bereits die rege Last der Welt,
die, samt der Lüfte Kreis, sich um die Angel drehet,
der äußern Fläche Teil, auf welchem Hamburg stehet,
der göld'nen Sonnen zu, die alle Ding' erhält,
erwärmet und beweg't; nachdem der Nächte Schatten
die Schönheit der Natur fast in ihr erstes Nichts,
so lang die Nacht gewährt, gesetzet hatten.
Ein ungewiß Gemisch des Dunkeln und des Lichts
gebar die Dämmerung. Zu Anfang ward der Kreis
der äußeren hohlen Luft allmählig weiß.
Bald färbt' den untern Teil, worin die Wolken schwimmen,
ein rosenroter Glanz. An ihren zarten Spitzen
sieht man sodann ein Rot, wie Rosen und Rubin,
und bald ein funkelnd Gold, so mehr als Gölden schien,
in grünlich-blauem Licht des Himmels, blüh'n und glüh'n,
in unbeschreiblichem Schein, Glanz und Schimmer blitzen.
Woher? Hier zeigt sich dem Gesicht
Kein irdisches, ein himmlisch Licht.
So strahlt kein Diamant, kein Feuer kann so glimmen.
Der allerhellsten Farben Schein,
so wir im Lust- und Kunst-Feur sehn,
sind, gegen diesen Glanz, nicht rein,
sind, gegen diese Glut, nicht hell, nicht schön.
Ja, solch ein lichter Schimmer glühet
und strahl't so hell verschied'ne Stellen an,
daß man die Sonne selbst kaum schöner glauben kann,
bis man sie selber wieder siehet ...

Da uns die Schönheit einer Welt,
wenn sie die Morgen-Sonne schmücket,
so unvergleichlich wohlgefällt,
und aus uns selber setzt, ja ganz entzücket;
welch eine Seelen-Lust muß sel'ge Geister rühren,
wenn sie mit geistigen verkläreten Gesichtern,
und nicht mit Augen nur; nein ganz,
den Strahlen-reichen Morgen-Glanz
von so viel tausend Sonnen-Lichtern,
in hundert tausend Welten, spüren!

Barthold Heinrich Brockes

Aufmunterung

So bald das güldne Morgen-Licht
durch die begraute Dämm'rung bricht;
so bricht der Vögel muntres Heer,
da Erd' und Luft fast aller Töne leer,
der dunkeln Nächte tiefe Stille.
Sie öffnen gleich, nach Nacht und Nebel,
entzücket ob der Sonnen Strahl,
die tön- und liederreichen Schnäbel,
und füllen Wälder, Berg' und Tal;
es gurgeln ihre kleine Kehlen,
des Schöpfers Wunder zu erzählen.

Christian Knorr von Rosenroth

Morgenglanz der Ewigkeit

Morgenglanz der Ewigkeit,
Licht von unerschöpften Lichte,
schick uns diese Morgenzeit
deine Strahlen zu Gesichte
und vertreib durch deine Macht
unsre Nacht.

Deiner Güte Morgentau
fall auf unser matt Gewissen;
laß die dürre Lebensau
lauter süßen Trost genießen
und erquick uns, deine Schar
immerdar!

Gib, daß deiner Liebe Glut
unsre kalten Werke töte,
und erweck uns Herz und Mut
bei erstandner Morgenröte,
daß wir, eh wir gar vergehn,
recht aufstehn!

Leucht uns selbst in jene Welt,
du verklärte Gnadensonne,
führ uns durch das Tränenfeld
in das Land der süßen Wonne,
da die Lust die uns erhöht,
nie vergeht!

PAUL GERHARDT

Die güldne Sonne

Die güldne Sonne voll Freud und Wonne
bringt unsern Grenzen mit ihrem Glänzen
ein herzerquickendes liebliches Licht.
Mein Haupt und Glieder die lagen darnieder,
aber nun steh ich, bin munter und fröhlich,
schaue den Himmel mit meinem Gesicht.

Mein Auge schauet, was Gott gebauet
zu seinen Ehren und uns zu lehren,
wie sein Vermögen sei mächtig und groß,
und wo die Frommen dann sollen hinkommen,
wann sie mit Frieden von hinnen geschieden
aus dieser Erden vergänglichem Schoß.

Abend und Morgen sind seine Sorgen,
Segnen und Mehren, Unglück verwehren
sind seine Werke und Taten allein.
Wann wir uns legen, so ist er zugegen,
wann wir aufstehen, so läßt er aufgehen
über uns seiner Barmherzigkeit Schein.

Alles vergehet, Gott aber stehet
ohn alles Wanken: seine Gedanken,
sein Wort und Willen hat ewigen Grund;
sein Heil und Gnaden, die nehmen nicht Schaden,
heilen im Herzen die tödlichen Schmerzen,
halten uns zeitlich und ewig gesund.

Gerhard Tersteegen

Das äußre Sonnenlicht ist da

Das äußre Sonnenlicht ist da
und leucht't mir ins Gesicht;
Gott ist noch mehr dem Geiste nah
mit seinem Lebenslicht.

Ach wohn in mir, du Gottheitssonn',
mein Geist dein Himmel werd,
daß ich, o reine Seelenwonn',
werd ganz in dich verklärt!

Wenn sich die Sonne offenbart,
so weicht die Dunkelheit;
vertreib durch deine Gegenwart
die Sünd' und Eigenheit!

Du bist ein Licht und wohnst im Licht;
ach mach mich licht und rein,
zu schauen, Herr, dein Angesicht
und dir vereint zu sein!

Der Adler schaut geradezu
die Sonne fröhlich an;
mein Geistesaug' eröffne du,
daß ich dich schauen kann!

Wer dich in deinem Licht erblickt
in seiner Seele Grund,
ehrt, gleich den Cherubim gebückt,
dich, Herr, zu aller Stund'.

Albrecht von Haller

Morgengedanken

Der Mond verbirget sich, der Nebel grauer Schleier
deckt Luft und Erde nicht mehr zu;
der Sterne Glanz erblaßt, der Sonne reges Feuer
stört alle Wesen aus der Ruh.

Der Himmel färbet sich mit Purpur und Saphiren,
die frühe Morgenröte lacht,
und von der Rosen Glanz, die ihre Stirne zieren,
entflieht das bleiche Heer der Nacht.

Durchs rote Morgentor der heitern Sternenbühne
naht das verklärte Licht der Welt;
die falben Wolken glühn von blitzendem Rubine,
und brennend Gold bedeckt die Welt.

Die Rosen öffnen sich und spiegeln an der Sonne
des kühlen Morgens Perlentau;
der Ligen Ambradampf belebt zu unsrer Wonne
der zarten Blätter Atlas grau.

Der wache Feldmann eilt mit Singen in die Felder
und treibt vergnügt den schweren Pflug;
der Vögel rege Schar erfüllet Luft und Wälder
mit ihrer Stimm und frühem Flug.

O Schöpfer! Was ich seh, sind deiner Allmacht Werke,
du bist die Seele der Natur;
der Sterne Lauf und Licht, der Sonne Glanz und Stärke
sind deiner Hand Geschöpf und Spur.

Du steckst die Fackel an, die in dem Mond uns leuchtet,
du gibst den Winden Flügel zu;
du leihst der Nacht den Tau, womit sie uns befeuchtet,
du teilst der Sterne Lauf und Ruh.

Du hast der Berge Stoff aus Ton und Staub gedrehet,
der Schachten Erz aus Sand geschmelzt;
du hast das Firmament an seinem Ort erhöhet,
der Wolken Kleid darum gewälzt.

Den Fisch, der Ströme bläst und mit dem Schwanze stürmet,
hast du mit Adern ausgehöhlt;
du hast den Elefant aus Erden aufgetürmet
und seinen Knochenberg beseelt.

Des weiten Himmelsraums saphirene Gewölber
gegründet auf den leeren Ort,
der Gottheit große Stadt, begrenzt nur durch sich selber,
hob aus dem Nichts Dein einzig Wort.

Doch dreimal großer Gott! Es sind erschaffne Seelen
für deine Taten viel zu klein;
sie sind unendlich groß, und wer sie will erzählen,
muß gleich wie Du ohn Ende sein.

O Unbegreiflicher! Ich bleib in meinen Schranken,
du Sonne blend'st mein schwaches Licht;
und wem der Himmel selbst sein Wesen hat zu danken,
braucht eines Wurmes Lobspruch nicht.

JOHANN WILHELM LUDWIG GLEIM

Morgengesang

Wohlauf! Es tagt vortrefflich schon,
die Nacht muß ab von ihrem Thron,
der Tag will ihn besitzen!
Wohlauf! zu sehn das Licht der Welt,
wie's kommt und in die Täler fällt,
und auf der Berge Spitzen.

Wohlauf! zu fröhlichem Gesang!
aus einem Munde: Gott sei Dank,
er hat dem Sein geboten!
und alles war auf sein Gebot,
die Welt und wir! – Er ist der Gott
der Lebenden und Toten!

Wohlauf, zur Arbeit! Schlaf ist Tod!
Der Faule schläft, und will sein Brot
genießen, nicht verdienen!
Der Fleißige steht auf und lebt,
und singt und betet, pflügt und gräbt,
und seine Felder grünen!

Ludwig Heinrich Christoph Hölty

Hymnus an die Morgensonne

Dämmerung kleidet den Hain in ihr graues Gewand,
und die Augen der Nacht, die den Himmel beglänzt,
legen den Schleier an, den der kommende Tag
über alle Gestirne webt.

Schweigen herrschet umher, nur posaunet der Hahn
seinen Morgengesang und erwecket das Dorf
und erwecket den Tag, der das eine Aug' schon,
halb noch schläfrig, zu öffnen beginnt.

Welche Nymphe besteigt jetzt das rote Gewölk,
mit der Krone von Gold? Rosen bekränzen ihr Haar;
wo die Göttliche geht, keimen Blumen hervor,
füllen Balsamgerüche die Luft.

Sie bemalet den Ost. Ist's Aurora? Sie ist's,
sie, die Botin des Tags! Freude tanzet ihr vor,
heller wirbelt der Hain, lauter gurgelt der Bach
durch Mäander des Veilchentals.

Sie bestreuet die Bahn, welche die Sonn' betritt,
schon mit rötlichen und mit goldenen
Blumen, wandelt voran mit dem Körbchen am Arm,
das ihr Flora mit Rosen gefüllt.

Sonne, was harrest du? Wandle der Schwester nach,
die ihr Körbchen bereits ganz von Blumen geleert;
geh aus deinem Gezelt, Mutter des Tags, hervor
und vergülde die wache Welt!

Jetzt zerreißt sie den Schlei'r, der ihr Auge verhüllt,
zeigt die blitzende Stirn', hebt ihr funkelndes Haupt,
welches die goldenen Locken umfliegen, empor,
blicket Munterkeit über die Flur.

Heil dir, Mutter des Lichts! Sie bestrahlet den Hain,
der vom Fittich des Winds auf dem Gebirge nickt,
prägt ihr lachendes Bild in den Spiegel des Bachs,
rötet die Busen des Blumenvolks.

Wie der Puls der Natur jetzt so jugendlich klopft!
Wie des Waldes Musik von den Wipfeln ertönt!
Wie die Blume stolziert und ihr seidenes Kleid
in vergoldeteten Purpur taucht!

Durch dein Lächeln erweckt, Wolkenbewandlerin,
schreitet der rege Fleiß durch das Ährengefild,
mengt das Sichelgeräusch und ein fröhliches Lied
in das Morgengeflüster des Hains.

JOHANN WOLFGANG VON GOETHE
(Faust I)

Prolog im Himmel

Raphael: Die Sonne tönt nach alter Weise
in Brudersphären Wettgesang,
und ihre vorgeschriebne Reise
vollendet sie mit Donnergang.
Ihr Anblick gibt den Engeln Stärke,
wenn keiner sie ergründen mag;
die unbegreiflich hohen Werke
sind herrlich wie am ersten Tag.

Gabriel: Und schnell und unbegreiflich schnelle
dreht sich umher der Erde Pracht;
es wechselt Paradieseshelle
mit tiefer, schauervoller Nacht;
es schäumt das Meer in breiten Flüssen
am tiefsten Grund der Felsen auf,
und Fels und Meer wird fortgerissen
in ewig schnellem Sphärenlauf.

Michael: Und Stürme brausen um die Wette,
vom Meer aufs Land, vom Land aufs Meer,
und bilden wütend eine Kette
der tiefsten Wirkung ringsumher.
Da flammt ein blitzendes Verheeren
dem Pfade vor des Donnerschlags;
doch deine Boten, Herr, verehren
das sanfte Wandeln deines Tags.

Zu Drei: Der Anblick gibt den Engeln Stärke,
da keiner dich ergründen mag,
und alle deine hohen Werke
sind herrlich wie am ersten Tag.

Johann Wolfgang von Goethe
(Faust II)

Ariel spricht:

Horchet! horcht dem Sturm der Horen!
Tönend wird für Geistesohren
schon der neue Tag geboren.
Felsentore knarren rasselnd,
Phöbus' Räder rollen prasselnd,
welch Getöse bringt das Licht!
Es drommetet, es posaunet,
Auge blinzt und Ohr erstaunet,
Unerhörtes hört sich nicht.
Schlüpfet zu den Blumenkronen,
tiefer, tiefer, still zu wohnen,
in die Felsen, unters Laub;
trifft es euch, so seid ihr taub.

Faust spricht:

Des Lebens Pulse schlagen frisch lebendig,
ätherische Dämmerung milde zu begrüßen;
du, Erde, warst auch diese Nacht beständig
und atmest neu erquickt zu meinen Füßen,
beginnest schon mit Lust mich zu umgeben,
du regst und rührst ein kräftiges Beschließen,
zum höchsten Dasein immerfort zu streben. –
In Dämmerschein liegt schon die Welt erschlossen,
der Wald ertönt von tausendstimmigem Leben;
Tal aus, Tal ein ist Nebelstreif ergossen,
doch senkt sich Himmelsklarheit in die Tiefen,
und Zweig' und Äste, frisch erquickt, entsprossen
dem duft'gen Abgrund, wo versenkt sie schliefen;
auch Farb' an Farbe klärt sich los vom Grunde,
wo Blum' und Blatt von Zitterperle triefen,
ein Paradies wird um mich her die Runde.

Hinaufgeschaut! – Der Berge Gipfelriesen
verkünden schon die feierlichste Stunde;
sie dürfen früh des ewigen Lichts genießen,
was später sich zu uns herniederwendet.
Jetzt zu der Alpe grüngesenkten Wiesen
wird neue Glanz und Deutlichkeit gespendet,
und stufenweis' herab ist es gelungen;-
sie tritt hervor! - und, leider schon geblendet,
kehr' ich mich weg, vom Augenschmerz durchdrungen.

Johann Wolfgang von Goethe

Zueignung

Der Morgen kam; es scheuchten seine Tritte
den leisen Schlaf, der mich gelind umfing,
daß ich, erwacht, aus meiner stillen Hütte
den Berg hinauf mit frischer Seele ging;
ich freute mich bei jedem Schritte
der neuen Blume, die voll Tropfen hing;
der junge Tag erhob sich mit Entzücken,
und alles war erquickt, mich zu erquicken.

Und wie ich stieg, zog von dem Fluß der Wiesen
ein Nebel sich in Streifen sacht hervor.
Er wich und wechselte mich zu umfließen,
und wuchs geflügelt mir ums Haupt empor:
des schönen Blicks sollt ich nicht mehr genießen,
die Gegend deckte mir ein trüber Flor;
bald sah ich mich von Wolken wie umgossen
und mit mir selbst in Dämmrung eingeschlossen.

Auf einmal schien die Sonne durchzudringen,
im Nebel ließ sich eine Klarheit sehn.
Hier sank er, leise sich hinabzuschwingen;
hier teilt' er steigend sich um Wald und Höhn.
Wie hofft ich ihr den ersten Gruß zu bringen!
Sie hofft ich nach der Trübe doppelt schön.
Der luft'ge Kampf war lange nicht vollendet –
ein Glanz umgab mich, und ich stand geblendet.

Bald machte mich, die Augen aufzuschlagen,
ein innrer Trieb des Herzens wieder kühn,
ich konnt es nur mit schnellen Blicken wagen,
denn alles schien zu brennen und zu glühn.

Da schwebte mit den Wolken hergetragen
ein göttlich Weib vor meinen Augen hin,
kein schöner Bild sah ich in meinem Leben,
sie sah mich an und blieb verweilend schweben.

«Kennst du mich nicht?» sprach sie mit einem Munde,
dem aller Lieb und Treue Ton entfloß,
«Erkennst du mich, die ich in manche Wunde
des Lebens dir den reinsten Balsam goß?
Du kennst mich wohl, an die zu ew'gem Bunde
dein strebend Herz sich fest und fester schloß.
Sah ich dich nicht mit heißen Herzenstränen
als Knabe schon nach mir dich eifrig sehnen?»

«Ja!» rief ich aus, indem ich selig nieder
zur Erde sank, «lang hab ich dich gefühlt;
du gabst mir Ruh, wenn durch die jungen Glieder
die Leidenschaft sich rastlos durchgewühlt;
du hast mir wie mit himmlischem Gefieder
am heißen Tag die Stirne sanft gekühlt;
du schenktest mir der Erde beste Gaben,
und jedes Glück will ich durch dich nur haben!

Dich nenn ich nicht. Zwar hör ich dich von vielen
gar oft genannt, und jeder heißt dich sein,
ein jedes Auge glaubt auf dich zu zielen,
fast jedem Auge wird dein Strahl zur Pein.
Ach, da ich irrte, hatt ich viel Gespielen,
da ich dich kenne, bin ich fast allein;
ich muß mein Glück nur mit mir selbst genießen,
dein holdes Licht verdecken und verschließen.»

Sie lächelte, sie sprach: «Du siehst wie klug,
wie nötig wars, euch wenig zu enthüllen!
Kaum bist du sicher vor dem gröbsten Trug,
kaum bist du Herr vom ersten Kinderwillen,
so glaubst du dich schon Übermensch genug,

versäumst die Pflicht des Mannes zu erfüllen!
Wieviel bist du von andern unterschieden?
Erkenne dich, leb mit der Welt in Frieden!»

«Verzeih mir», rief ich aus, «ich meint' es gut;
soll ich umsonst die Augen offen haben?
Ein froher Wille lebt in meinem Blut,
ich kenne ganz den Wert von deinen Gaben!
Für andre wächst in mir das edle Gut,
ich kann und will das Pfund nicht mehr vergraben!
Warum sucht ich den Weg so sehnsuchtsvoll,
wenn ich ihn nicht den Brüdern zeigen soll?»

Und wie ich sprach, sah mich das hohe Wesen
mit einem Blick mitleidger Nachsicht an;
ich konnte mich in ihren Augen lesen,
was ich verfehlt und was ich recht getan.
Sie lächelte. Da war ich schon genesen,
zu neuen Freuden stieg mein Geist heran;
ich konnte nun mit innigem Vertrauen
mich zu ihr nahn und ihre Nähe schauen.

Da reckte sie die Hand aus in die Streifen
der leichten Wolken und des Dufts umher;
wie sie ihn faßte, ließ er sich ergreifen,
er ließ sich ziehn, es war kein Nebel mehr.
Mein Auge konnt im Tale wieder schweifen,
gen Himmel blickt ich, er war hell und hehr.
Nur sah ich sie den reinsten Schleier halten,
er floß um sie und schwoll in tausend Falten.

«Ich kenne dich, ich kenne deine Schwächen,
ich weiß, was Gutes in dir lebt und glimmt!»
– So sagte sie, ich hör sie ewig sprechen -
«Empfange hier, was ich dir lang bestimmt!
Dem Glücklichen kann es an nichts gebrechen,

der dies Geschenk mit stiller Seele nimmt:
aus Morgenduft gewebt und Sonnenklarheit,
der Dichtung Schleier aus der Hand der Wahrheit.

Und wenn es dir und deinen Freunden schwüle
am Mittag wird, so wirf ihn in die Luft!
Sogleich umsäuselt Abendwindes Kühle,
umhaucht euch Blumenwürzgeruch und Duft.
Es schweigt das Wehen banger Erdgefühle,
zum Wolkenbette wandelt sich die Gruft,
besänftiget wird jede Lebenswelle,
der Tag wird lieblich, und die Nacht wird helle.»

So kommt denn, Freunde, wenn auf euren Wegen
des Lebens Bürde schwer und schwerer drückt,
wenn eure Bahn ein frischerneuter Segen
mit Blumen ziert, mit goldnen Früchten schmückt,
wir gehn vereint dem nächsten Tag entgegen!
So leben wir, so wandeln wir beglückt.
Und dann auch soll, wenn Enkel um uns trauern,
zu ihrer Lust noch unsre Liebe dauern.

Johann Wolfgang von Goethe

Früh, wenn Tal, Gebirg und Garten

Früh, wenn Tal, Gebirg und Garten
Nebelschleiern sich enthüllen,
und dem sehnlichsten Erwarten
Blumenkelche bunt sich füllen.

Wenn der Äther, Wolken tragend,
mit dem klaren Tage streitet,
und ein Ostwind, sie verjagend,
blaue Sonnenbahn bereitet,

Dankst du dann, am Blick dich weidend,
reiner Brust, der Großen, Holden,
wird die Sonne, rötlich scheidend,
rings den Horizont vergolden.

Johann Wolfgang von Goethe

Gegenwart

Alles kündet dich an!
Erscheinet die herrliche Sonne,
folgst du, so hoff ich es, bald.

Trittst du im Garten hervor,
so bist du die Rose der Rosen,
Lilie der Lilien zugleich.

Wenn du im Tanze dich regst,
so regen sich alle Gestirne
mit dir und um dich umher.

Nacht, und so wär es denn Nacht,
nun überscheinst du des Mondes
lieblichen, ladenden Glanz.

Ladend und lieblich bist du,
und Blumen, Mond und Gestirne
huldigen, Sonne, nur dir.

Sonne, so sei du auch mir
die Schöpferin herrlicher Tage!
Leben und Ewigkeit ists.

Friedrich Leopold Graf zu Stolberg

An die Sonne

Sonne, dir jauchzt bei deinem Erwachen der Erdkreis entgegen,
dir das Wogengeräusch des erdumgürtenden Meeres!
Fliehend rollet der Wagen der Nacht, in nichtige Wolken
eingehüllet, und schwindet hinab in die schauernde Tiefe!
Segnend strahlst du herauf, und bräutlich kränzet die Erde
dir die flammenden Schläfen mit tauendem Purpurgewölke!
Alles freut sich dein! In schimmernde Feiergewande
kleidest du den Himmel, die Erd und die Fluten des Meeres!
Siehe, du leitest am rosigen Gängelbande den jungen
freundlichen Tag; er hüllt sich in deine Safrangewande:
Aber wie wachsen so schnell die Kräfte des
himmlischen Jünglings!
Feuriger blickt er und greift nach deinem strahlenden Köcher,
und schnellt er vom goldenen Bogen flammende Pfeile!
Zürne, Himmlischer, nicht! Und soll dein Bogen ertönen,
o, so richte dein furchtbar Geschoß auf des Ozeans Fluten,
auf der schneeichten Alpen herunterschmelzende Gipfel
und auf sandige Wüsten, die Löwen und Tiger durchirren!
Zürne, Himmlischer, nicht! Dir flehn der Vögel Gesänge,
dir der säuselnde Wald und dir die duftende Blume!
Wollest nicht des wehenden Zephirs Flügel versengen!
Wollest nicht austrinken das Labsal kühlender Quellen!
Wollest vom zarten Gräschen den krümmenden Tropfen
nicht nehmen!

Sonne, lächle der Erd und gieß aus strahlender Urne
Leben auf die Natur! Du hast die Fülle des Lebens,
schöpfest, näher dem Himmel, aus himmlischen Quellen
und dürstest
selber nimmer! Als Gott aus seiner gürtenden Allmacht
wie aus gürtendem Schlauch ein Sämann Sonnen dahinwarf,

Millionen auf einmal, jede mit Erden umkränzet,
rief er, Sonnen, euch zu: Verbreitet Leben und Wärme
auf die dürftigen Erden! Erbarmet euch der Dürstenden, daß ich
mich am großen Abend des Himmels euer erbarme!
Also rief er. Gedenke des, o Strahlende! Früher
oder später kommt der große Abend des Himmels,
da ihr alle, zahlloses Heer von mächtigen Sonnen,
werdet, wie Mücken am Sommerabend in Teiche stürzen.
mit erbleichenden Strahlen herunterfallen vom Himmel!
Eurer harren Gottes Gerichte, Gottes Erbarmung!
Wähne nicht zu vergehn! Der große Geber des Lebens
wird gefallene Mücken, gefallene Sonnen in neues
Leben rufen! Wie du auf schwärmende Mücken herabschaust,
schaut er ewig herab auf alle kreisende Himmel!

William Blake

Vogelgesang

(aus «Milton»)

Du hörst die Nachtigall, die ihr Frühlingslied singt.
Die Lerche sitzt auf dem Erdbett, da der Morgen graut,
und lauschet schweigend, dann entsteigt sie dem wallenden Feld,
eröffnet laut den Chor des Tages: trill, trill, trill, trill,
und hebt sich auf Flügeln des Lichts in den endlosen Raum.
Ihr Echo tönt aus der blau-schimmernden Schale des Himmels,
die kleine Kehle bebt in Verzückung, und jede Feder
auf Kehle, Brust und Schwingen zittert beim göttlichen Sang.
Die Natur hört schweigend ihr zu, und die gewaltige Sonne
hält an auf dem Berg und betrachtet den winzigen Sänger
mit Augen voll Demut und Staunen, Liebe und Ehrfurcht.
Dann ertönt im grünen Versteck der Vögel gemeinsames Lied.
Drossel, Hänfling und Stieglitz, Rotkehlchen, Zaunschlüpfer
wecken die Sonne aus ihrem holden Traum auf dem Berg.
Wieder hebt an der Nachtigall Schlag, der den Tag
und die Nacht mit üppigem Wohllaut erfüllt, und die Vögel alle
lauschen dem machtvollen Lied mit bewundernder Liebe.

WILLIAM BLAKE

An den Morgen

O heilige Jungfrau, in reinstes Weiß gekleidet,
schließ auf das goldne Himmelstor und tritt hervor;
weck auf das Dämmern, das im Himmel schläft; steigen laß
das Licht aus den Kammern des Ostens, und bring
den Honigtau, der fällt beim Erwachen des Tags.
O strahlender Morgen, begrüße die Sonne,
und, gerüstet zur Jagd wie ein Jäger, erscheine
in deinen hohen Stiefeln auf unsern Hügeln!

Friedrich Schiller

Der Flüchtling

Frisch atmet des Morgens lebendiger Hauch;
purpurisch zuckt durch düstrer Tannen Ritzen
das junge Licht und äugelt aus dem Strauch;
in goldenen Flammen blitzen
der Berge Wolkenspitzen
mit freudig melodisch gewirbeltem Lied
begrüßen erwachende Lerche die Sonne,
die schon in lachender Wonne
jugendlich schön in Auroras Umarmungen glüht.

Sei, Licht, mir gesegnet!
Dein Strahlenguß regnet
erwärmend hernieder auf Anger und Au.
Wie Silberfarb flittern
die Wiesen, wie zittern
tausend Sonnen im perlenden Tau!

In säuselnder Kühle
beginnen die Spiele
der jungen Natur.
Die Zephyre kosen
und schmeicheln um Rosen,
und Düfte beströmen die lachende Flur.

Wie hoch aus den Städten die Rauchwolken dampfen!
Laut wiehern und schnauben und knirschen und stampfen
die Rosse, die Farren;
die Wagen erknarren
ins ächzende Tal.
Die Waldungen leben,
und Adler und Falken und Habichte schweben
und wiegen die Flügel im blendenden Strahl.

Den Frieden zu finden,
wohin soll ich wenden
am elenden Stab?
Die lachende Erde
mit Jünglingsgebärde
für mich nur ein Grab!

Steig empor, o Morgenrot, und röte
mit purpurnem Kusse Hain und Feld!
Säusle nieder, Abendrot, und flöte
sanft in Schlummer die erstorbne Welt;
Morgen - ach! du rötest
eine Totenflur,
ach! und du, o Abenrot! umflötest
meinen langen Schlummer nur.

Friedrich Schiller

Morgenlied

Verschwunden ist die finstre Nacht,
die Lerche schlägt, der Tag erwacht,
die Sonne kommt mit Prangen
am Himmel aufgegangen.
Sie scheint in Königs Prunkgemach,
sie scheinet durch des Bettlers Dach,
und was in Nacht verborgen war,
das macht sie kund und offenbar.

Lob sei dem Herrn und Dank gebracht,
der über diesem Haus gewacht,
mit seinen heil'gen Scharen
uns gnädig wollt' bewahren!
Wohl mancher schloß die Augen schwer
und öffnet sie dem Licht nicht mehr;
drum freue sich, wer neu belebt
den frischen Blick zur Sonn' erhebt!

Ernst Moritz Arndt

Morgenlied

Die Nacht ist nun vergangen,
der Morgen steht so herrlich da,
und alle Blümlein prangen
und alle Bäume fern und nah.

Die frommen Nachtigallen
die singen laut im Freudenklang.
Die Lerchen höchst vor allen,
zum Himmel bringen sie Gesang.

Der Kuckuck auf den Zweigen
und auch der Zeisig klein,
sie wollen sich dankbar zeigen,
will keiner der Letzte sein.

Emanuel Schikaneder/
Karl Ludwig Giesecke

Aus der Zauberflöte

Bald prangt, den Morgen zu verkünden,
die Sonn' auf goldner Bahn!
Bald soll der Aberglaube schwinden,
bald siegt der weise Mann.

O holde Ruhe, steig hernieder,
kehr' in der Menschen Herzen wieder;
dann wird die Erd' ein Himmelreich,
und Sterbliche den Göttern gleich.

Dir strahlt aus tausend Augen wider
dein Bild, o Lichtesquell.
In Perlen fiel der Tau hernieder
und grüßt dich rein und hell.

Dir dankt, o hehre Lebenssonn,
die stille Blume Lichteswonn;
dir dankt in frohbewegter Brust
die neu erwachte Lebenslust!

Schwing frei dich von dem Rand der Erde
empor in Ätherblau!
Beglückt im Reich des Lichtes werde
die ärmste, tiefste Au.

Wir werfen ab der Nächte Sorgen;
des besten Tages schöner Morgen,
er bricht in jeder Seele an,
er führt sie froh auf lichter Bahn.

Friedrich Hölderlin

Des Morgens

Vom Taue glänzt der Rasen; beweglicher
eilt schon die wache Quelle; die Birke neigt
ihr schwankes Haupt, und im Geblätter
rauscht es und schimmert; und um die grauen

Gewölke streifen rötliche Flammen dort,
verkündende, sie wallen geräuschlos auf;
wie Fluten am Gestade wogen
höher und höher die wandelbaren.

Komm nun, o komm, und eile mir nicht zu schnell,
du goldner Tag, zum Gipfel des Himmels fort!
Denn offner fliegt, vertrauter dir mein
Auge, du Freudiger! zu, solang du

in deiner Schönheit jugendlich blickst, und noch
zu herrlich nicht, zu stolz mir geworden bist;
du möchtest immer eilen, könnt ich,
göttlicher Wanderer, mit dir! - doch lächeln

des frohen Übermütigen du, daß er
dir gleichen möchte; segne mir lieber dann
mein sterblich Tun und heitre wieder,
Gütiger! heute den stillen Pfad mir!

Carl Maria von Weber

Morgen

Die Sonn' erwacht mit ihrer Pracht
erfüllt sie die Berge, das Tal.
O Morgenluft,
o Waldesduft,
o goldener Sonnenstrahl.

In der Natur strahlt Gottes Spur
am Morgen groß und schön,
im Wiesental
und überall
auf Feld und Bergeshöh'n.

Schaut man schon hier solch große Zier,
was wird das Aug' erst sehn,
wenn wir voll Freud'
und Herrlichkeit
vor Gottes Thron dort stehn?

Friedrich Rückert

Die Weisheit des Brahmanen

Die Sonne selber siehst du nur durch Sonnenlicht,
so schaust du Gott durch Gott, durch andres Mittel nicht.
Die Sonne, die das Licht, die Welt zu sehn, dir spendet,
siehst du ihr Angesicht, bist du davon geblendet.
Und so im Menschengeist erlischt, was in ihm denkt,
wenn er sein Denken dreist im höchsten Geist versenkt.
Mußt du die Sonne sehn? Sieh Fluren sonnerhellt;
und willst du Gott sehn, sieh die gotterfüllte Welt.
Der Sonne echte Kraft siehst du im Schmelz der Flur,
und Gott, den du nicht siehst, in seinen Werken nur.

Josef von Eichendorff

Morgenlied

Ein Stern still nach dem andern fällt
tief in des Himmels Kluft,
schon zucken Strahlen durch die Welt,
ich wittre Morgenluft.

In Qualmen steigt und sinkt das Tal;
verödet noch vom Fest
liegt still der weite Freudensaal,
und tot noch alle Gäst'.

Da hebt die Sonne aus dem Meer
eratmend ihren Lauf;
zur Erde geht, was feucht und schwer,
was klar, zu ihr hinauf.

Hebt grüner Wälder Trieb und Macht
neurauschend in die Luft,
zieht hinten Städte, eitel Pracht,
blau' Berge durch den Duft.

Spannt aus die grünen Tepp'che weich,
von Strömen hell umrankt,
und schallend glänzt das frische Reich,
so weit das Auge langt.

Der Mensch nun aus der tiefen Welt
der Träume tritt heraus,
freut sich, daß alles noch so hält,
daß noch das Spiel nicht aus.

Und nun geht's an ein Fleißigsein!
Umsummend Berg und Tal
agieret lustig groß und klein
den Plunder allzumal.

Die Sonne steiget einsam auf,
ernst über Lust und Weh
lenkt sie den ungestörten Lauf
zu stiller Glorie. -

Und wie er dehnt die Flügel aus,
und wie er auch sich stellt,
der Mensch kann nimmermehr hinaus
aus dieser Narrenwelt.

Josef von Eichendorff

Wanderspruch

Die Lerche grüßt den ersten Strahl,
daß er die Brust ihr zünde,
wenn träge Nacht noch überall
durchschleicht die tiefen Gründe.

Und du willst, Menschenkind, der Zeit
verzagend unterliegen?
Was ist dein kleines Erdenleid?
Du mußt es überfliegen!

Josef von Eichendorff

Der Morgen

Fliegt der erste Morgenstrahl
durch das stille Nebeltal,
rauscht erwachend Wald und Hügel:
Wer da fliegen kann, nimmt Flügel!

Und sein Hütlein in die Luft
wirft der Mensch vor Lust und ruft:
Hat Gesang doch auch noch Schwingen,
nun, so will ich fröhlich singen!

Hinaus, o Mensch, weit in die Welt,
bangt dir das Herz in krankem Mut:
Nichts ist so trüb in Nacht gestellt,
der Morgen leicht macht's wieder gut.

JOSEF VON EICHENDORFF

Der himmlische Maler

Aus Wolken, eh' im nächtgen Land
erwacht die Kreaturen,
langt Gottes Hand,
zieht durch die stillen Fluren
gewaltig die Konturen,
Strom, Wald und Felsenwand.

Wach auf, wach auf! die Lerche ruft,
Aurora taucht die Strahlen
verträumt in Duft, beginnt auf Berg und Talen
ringsum ein himmlisch Malen
in Meer und Land und Luft.

Und durch die Stille, lichtgeschmückt,
aus wunderbaren Locken
ein Engel blickt. –
Da rauscht der Wald erschrocken,
da gehn die Morgenglocken,
die Gipfel stehn verzückt.

O lichte Augen, ernst und mild,
ich kann nicht von euch lassen!
Bald wieder wild
stürmt's her von Sorg und Hassen –
durch die verworrnen Gassen
führ mich, mein göttlich Bild!

Josef von Eichendorff

Morgengruß

Steig nur, Sonne,
auf die Höhn!
Schauer wehn,
und die Erde bebt vor Wonne.

Kühn nach oben
greift aus Nacht
Waldespracht,
noch von Träumen kühl durchwoben.

Und vom hohen
Felsaltar
stürzt der Aar
und versinkt in Morgenlohen.

Frischer Morgen!
Frisches Herz,
himmelwärts!
Laß den Schlaf nun, laß die Sorgen!

JOSEF VON EICHENDORFF

Morgenlied

Kein Stimmlein noch schallt von allen
in frühester Morgenstund,
wie still ists noch in den Hallen
durch den weiten Waldesgrund.

Ich stehe hoch überm Tale,
stille vor großer Lust,
und schau nach dem ersten Strahle
kühl schauernd in tiefster Brust.

Wie sieht da zu dieser Stunde
so anders das Land herauf,
nichts hör ich da in der Runde
als von fern der Ströme Lauf.

Und ehe sich alle erhoben
des Tages Freuden und Weh,
will ich, Herr Gott, dich loben
hier einsam in stiller Höh. –

Nun rauschen schon stärker die Wälder,
Morgenlicht funkelt herauf,
die Lerche singt über den Feldern.
Schöne Erde, nun wache auf!

Theodor Körner

Sonnenaufgang auf der Riesenkoppe

Die Erde ruht in tiefer, ernster Stille,
und alles schweigt, es dringt kein Laut zum Ohre;
doch schnell auf finst'rer Spur entflieht die Hore,
daß sie das Wort der ew'gen Zeit erfülle.

Da bricht der Morgen durch des Dunkels Hülle,
es tritt der Tag im lichten Strahlenflore
mit üpp'ger Kraft aus seinem gold'nen Tore;
der Himmel glüht in frischer Jugendfülle.

Und freudig auf des Lichtes zarten Spuren
beginnt das neue Leben sich zu regen
und keimt und blüht in tausendfacher Lust.

Unübersehbar schimmern Städt' und Fluren
aus weiter Ferne meinem Blick entgegen,
und heilge Sehnsucht glüht in meiner Brust.

Theodor Körner

Sängers Morgenlied

Süßes Licht! Aus goldnen Pforten
brichst du siegend durch die Nacht.
Schöner Tag! Du bist erwacht.
Mit geheimnisvollen Worten,
in melodischen Akkorden
grüß' ich deine Rosenpracht.

Ach! Der Liebe sanftes Wehen
schwellt mir das bewegte Herz,
sanft, wie ein geliebter Schmerz.
Dürft ich nur auf gold'nen Höhen
mich im Morgenduft ergehen!
Sehnsucht zieht mich himmelwärts.

Und der Seele kühnes Streben
trägt mit stolzem Riesenlauf
durch die Wolken mich hinauf. –
Doch mit sanftem Geisterbeben
dringt das Lied ins inn're Leben,
löst den Sturm melodisch auf.

Vor den Augen wird es helle;
freundlich auf der zarten Spur
weht der Einklang der Natur,
und begeistert rauscht die Quelle,
munter tanzt die flücht'ge Welle
durch des Morgens stille Flur.

Und von süßer Lust durchdrungen
webt sich zarte Harmonie
durch des Lebens Poesie.
Was die Seele tief durchklungen,
was berauscht der Mund gesungen,
glüht in hoher Melodie.

Des Gesanges muntern Söhnen
weicht im Leben jeder Schmerz,
und nur Liebe schwellt ihr Herz.
In des Liedes heil'gen Tönen
und im Morgenglanz des Schönen
fliegt die Seele himmelwärts.

Ludwig Uhland

Morgenlied

Noch ahnt man kaum der Sonne Licht,
noch sind die Morgenglocken nicht
im finstern Tal erklungen.

Wie still des Waldes weiter Raum!
Die Vöglein zwitschern nur im Traum,
kein Sang hat sich erschwungen.

Ich hab mich längst ins Feld gemacht
und habe schon dies Lied erdacht
und hab es laut gesungen.

HOFFMANN VON FALLERSLEBEN

Morgentrost

Es taget in dem Osten,
es taget überall;
erwacht ist schon die Lerche,
erwacht die Nachtigall.

Wie sich die Wolken röten
am jungen Sonnenstrahl!
Hell wird des Waldes Wipfel
und licht das graue Tal.

Die Blumen richten wieder
empor ihr Angesicht;
mit Tränen auf den Wangen
schau'n sie ins Sonnenlicht.

Und könnt' ein herbes Leiden
je trüben deinen Mut:
schau' hoffend auf gen Himmel,
wie's heut die Blume tut.

Und Frieden kehret wieder
zu dir in Freud' und Lust,
und wie's auf Erden taget,
so tagt's in deiner Brust.

Annette von Droste-Hülshoff

Durchwachte Nacht

Wie bin ich aufgeschreckt, - o süßes Bild,
du bist dahin, zerflossen mit dem Dunkel!
Die unerfreulich graue Dämmrung quillt,
verloschen ist des Flieders Taugefunkel,
verrostet steht des Mondes Silberschild,
im Walde gleitet ängstliches Gemunkel,
und meine Schwalbe an des Frieses Saum
zirpt leise, leise auf im schweren Traum.

Der Tauben Schwärme kreisen scheu,
wie trunken, in des Hofes Rund,
und wieder gellt des Hahnes Schrei,
auf seiner Streue rückt der Hund,
und langsam knarrt des Stalles Tür -
die Uhr schlägt Vier.

Da flammts im Osten auf, - o Morgenglut!
sie steigt, sie steigt, und mit dem ersten Strahle
strömt Wald und Heide vor Gesangesflut,
das Leben quillt aus schäumendem Pokale,
es klirrt die Sense, flattert Falkenbrut,
im nahen Forste schmettern Jagdsignale,
und wie ein Gletscher sinkt der Träume Land
zerrinnend in des Horizontes Brand.

Heinrich Heine

Auf dem Brocken

Heller wird es schon im Osten
durch der Sonne kleines Glimmen,
weit und breit die Bergesgipfel
in dem Nebelmeere schwimmen.

Hätt' ich Siebenmeilenstiefeln,
lief' ich mit der Hast des Windes
über jene Bergesgipfel
nach dem Haus des lieben Kindes.

Von dem Bettchen, wo sie schlummert,
zög' ich leise die Gardinen,
leise küßt' ich ihre Stirne,
leise ihres Munds Rubinen.

Und noch leiser wollt' ich flüstern
in die kleinen Lilienohren:
denk im Traum, daß wir uns lieben,
und daß wir uns nie verloren.

Jevgenij Boratynskij

Lied

Wenn von der Dämmrung goldner Morgensonne
der Äther glüht,
erwachend in der Wohlgerüche Wonne
die Welt erblüht,
und preist des ganzen Daseins lichte Seiten -
zu dieser Zeit:
Was fühlt dein Herz? Der Freude Seligkeiten?
Oder das Leid?

Wenn froher Mädchen rascher Frühlingsreigen
dein Auge sieht,
der vor dir, gleich den bunten Blütenzweigen,
sich heiter zieht,
und deine Blicke sich begierig weiten -
zu dieser Zeit:
was fühlt dein Herz? Der Freude Seligkeiten?
Oder das Leid?

Ich leide, ja. Hoch über fernen Hainen
erstrahlt das Licht.
Es kommt, die Welt hellglänzend zu bescheinen.
Mir scheint es nicht.
Laß Glückliche den neuen Tag begleiten -
sein helles Kleid
ist mir verhaßt. Was sind mir Seligkeiten -
ich fühle Leid.

Was soll mir noch der Blick der Schönheit taugen,
der lang mich trifft?
Er trügt. Schon lange kennen meine Augen
sein süßes Gift.
Er trügt. Die Fülle seiner Süßigkeiten
birgt Angst und Streit.
Furchtbar ist er. Was sind mir Seligkeiten?-
Ich fühle Leid.

Nikolaus Lenau

Frage

Bist du noch nie beim ersten Morgenschein erwacht
mit schwerem Herzen, traurig und beklommen,
und wußtest nicht, wie du auch nachgedacht,
woher ins Herz der Gram dir war gekommen?

Du fühltest nur: ein Traum war's in der Nacht;
des Traumes Bilder waren dir verschwommen,
doch hat nachwirkend ihre dunkle Macht
dich, daß du weinen mußtest, übernommen.

Hast du dich einst der Erdennacht entschwungen,
und werden, wie du meinst, am hellen Tage
verloren sein des Traums Erinnerungen:

Wer weiß, ob nicht so deine Schuld hienieden
nachwirken wird als eine dunkle Klag
und dort der Seele stören ihren Frieden?

Victor Hugo

O sieh den Morgen

O sieh den Morgen lächelnd sich entschleiern,
o sieh den Turm, wie er von Strahlen glüht.
Horch! Wie dem Ruhm die Freude zieht
des jungen Tages ersten Feuern
entgegen schon der Wälder erstes Lied.

Ja, lächle nur bei all dem Schönen.
Dieselbe Sonne leuchtet deinen Tränen,
wenn morgen mich der dunkle Sarg verschlingt.
Ob meinem Grabe von denselben Tönen
erschallt der Wald, davon er heute klingt?

Dann aber wird die Seele selig schweben
im Grenzenlosen über Raum und Zeit.
Im Morgenrot der Ewigkeit
wird man erwachen einst vom Leben,
gleich wie aus wüster Traumgesichte Streit.

Eduard Mörike

An einem Wintermorgen, vor Sonnenaufgang

O flaumenleichte Zeit der dunklen Frühe!
Welch neue Welt bewegest du in mir?
Was ists, daß ich auf einmal nun in dir
von sanfter Wollust meines Daseins glühe?

Einem Kristall gleicht meine Seele nun,
den noch kein falscher Strahl des Lichts getroffen;
zu fluten scheint mein Geist, er scheint zu ruhn,
dem Eindruck naher Wunderkräfte offen,
die aus dem klaren Gürtel blauer Luft
zuletzt ein Zauberwort vor meine Sinne ruft.
Bei hellen Augen glaub ich doch zu schwanken;
ich schließe sie, daß nicht der Traum entweiche.

Seh ich hinab in lichte Feenreiche?
Wer hat den bunten Schwarm von Bildern und Gedanken
zur Pforte meines Herzens hergeladen,
die glänzend sich in diesem Busen baden,
goldfarbgen Fischlein gleich im Gartenteiche?
Ich höre bald der Hirtenflöte Klänge,
wie um die Krippe jener Wundernacht,
bald weinbekränzter Jugend Lustgesänge;
wer hat das friedenselige Gedränge
in meine traurigen Wände hergebracht?

Und welch Gefühl entzückter Stärke,
indem mein Sinn sich frisch zur Ferne lenkt.
Vom ersten Mark des heutgen Tags getränkt,
fühl ich mir Mut zu jedem frommen Werke.
Die Seele fliegt, so weit der Himmel reicht,
der Genius jauchzt in mir. Doch sage,
warum wird jetzt der Blick von Wehmut feucht?
Ists ein verloren Glück, was mich erweicht?
Ist es ein werdendes, was ich im Herzen trage?
- Hinweg, mein Geist, hier gilt kein Stillestehn;
es ist ein Augenblick, und alles wird verwehn.

Dort sieh, am Horizont lüpft sich der Vorhang schon.
Es träumt der Tag, nun sei die Nacht entflohn;
die Purpurlippe, die geschlossen lag,
haucht, halbgeöffnet, süße Atemzüge:
Auf einmal blitzt das Aug, und, wie ein Gott der Tag
beginnt im Sprung die königlichen Flüge.

EDUARD MÖRIKE

Früh im Wagen

Es graut vom Morgenreif
in Dämmerung das Feld,
da schon ein blasser Streif
den fernen Ost erhellt;

Man sieht im Lichte bald
den Morgenstern vergehn,
und doch am Fichtenwald
den vollen Mond noch stehn:

So ist mein scheuer Blick,
den schon die Ferne drängt,
noch in das Schmerzensglück
der Abschiedsnacht versenkt.

Dein blaues Auge steht,
ein dunkler See, vor mir,
dein Kuß, dein Hauch umweht,
dein Flüstern mich noch hier.

An deinem Hals begräbt
sich weinend mein Gesicht,
und Purpurschwärze webt
mir vor dem Auge dicht.

Die Sonne kommt; - sie scheucht
den Traum hinweg im Nu,
und von den Bergen streicht
ein Schauer auf mich zu.

Eduard Mörike

Zum neuen Jahr

Wie heimlicherweise
ein Engelein leise
mit rosigen Füßen
die Erde betritt,
so nahte der Morgen.
Jauchzt ihm, ihr Frommen
ein heilig Willkommen,
ein heilig Willkommen!
Herz, jauchze du mit!

In Ihm sei's begonnen,
der Monde und Sonnen
an blauen Gezelten
des Himmels bewegt!
Du Vater, du rate!
Lenke du und wende!
Herr, dir in die Hände
sei Anfang und Ende,
sei alles gelegt!

EDUARD MÖRIKE

Septembermorgen

Im Nebel ruhet noch die Welt,
noch träumen Wald und Wiesen:
Bald siehst du, wenn der Schleier fällt,
den blauen Himmel unverstellt,
herbstkräftig die gedämpfte Welt
in warmem Golde fließen.

Eduard Mörike

In der Frühe

Kein Schlaf noch kühlt das Auge mir;
dort gehet schon der Tag herfür
an meinem Kammerfenster.
Es wühlet mein verstörter Sinn
noch zwischen Zweifeln her und hin
und schaffet Nachtgespenster.
- Ängste, quäle
dich nicht länger, meine Seele!
Freu dich! schon sind da und dorten
Morgenglocken wach geworden.

Eduard Mörike

Sehnsucht

In dieser Winterfrühe
wie ist mir doch zu Mut!
O Morgenrot, ich glühe
von deinem Jugendblut.

Es glüht der alte Felsen,
und Wald und Burg zumal,
berauschte Nebel wälzen
sich jäh hinab ins Tal.

Mit tatenfroher Eile
erhebt sich Geist und Sinn
und flügelt goldne Pfeile
durch alle Ferne hin.

Auf Zinnen möcht' ich springen,
in alter Fürsten Schloß,
möcht' hohe Lieder singen,
mich schwingen auf das Roß!

Und stolzen Siegeswagen
stürzt' ich mich brausend nach,
die Harfe wird zerschlagen,
die nur von Liebe sprach.

- Wie? schwärmst du so vermessen,
Herz, hast du nicht bedacht,
hast du mit eins vergessen,
was dich so trunken macht?

Ach, wohl! was aus mir singet,
ist nur der Liebe Glück!
Die wirren Töne schlinget
sie sanft in sich zurück.

Was hilft, was hilft mein Sehnen?
Geliebte, wärst du hier!
In tausend Freudentränen
verging' die Erde mir.

Emanuel Geibel

Morgenlied

Wer recht in Freuden wandern will,
der geh' der Sonn' entgegen!
Da ist der Wald so kirchenstill,
kein Lüftchen mag sich regen.
Noch sind nicht die Lerchen wach,
nur im hohen Gras der Bach
singt leise den Morgensegen.

Die ganze Welt ist wie ein Buch,
darin uns aufgeschrieben
in bunten Zeilen manch ein Spruch,
wie Gott uns treu geblieben.
Wald und Blumen nah und fern
und der helle Morgenstern
sind Zeugen von seinem Lieben.

Und plötzlich läßt die Nachtigall
im Busch ihr Lied erklingen;
in Berg und Tal erwacht der Schall
und will sich aufwärts schwingen,
und der Morgenröte Schein
stimmt in lichter Glut mit ein:
Laßt uns dem Herrn lobsingen!

Johann Georg Fischer

Morgenstunde

Da schlummert sie noch
im Schatten des Waldes,
die Morgenstunde.
An der Felswand nur
zittern die Wimpern
des ersten Lichts.

Doch nun am Hügel
zwei Sonnenstreifen
wie Jünglinge schreiten
zum Tale nieder.

Jetzt, jetzt erhebt sich
das Götterkind
und atmet Sonne
ob den erwärmten
lichten Nebeln,
begrüßt vom Erwachen
der ersten Glocke
empfangen vom Rauschen
der ganzen Erde.

Theodor Fontane

Guter Rat

An einem Sommermorgen
da nimm den Wanderstab,
es fallen deine Sorgen
wie Nebel von dir ab.

Des Himmels heitere Bläue
lacht dir ins Herz hinein
und schließt, wie Gottes Treue,
mit seinem Dach dich ein.

Rings Blüten nur und Triebe
und Halme von Segen schwer,
dir ist, als zöge die Liebe
des Weges nebenher.

So heimisch alles klingt
als wie im Vaterhaus,
und über die Lerchen schwingt
die Seele sich hinaus.

Gottfried Keller

Morgen

So oft die Sonne aufersteht,
erneuert sich mein Hoffen
und bleibet, bis sie untergeht,
wie eine Blume offen;
dann schlummert es ermattet
im dunklen Schatten ein,
doch eilig wacht es wieder auf
mit ihrem ersten Schein.

Das ist die Kraft, die nimmer stirbt,
und immer wieder streitet,
das gute Blut, das nie verdirbt,
geheimnisvoll verbreitet!
Solang' noch Morgenwinde
voran der Sonne wehn,
wird nie der Freiheit Fechterschar
in Nacht und Schlaf vergehn!

GOTTFRIED KELLER

Gruß der Sonne

Aus den braunen Schollen
springt die Saat empor,
grüne Knospen rollen
tausendfach hervor.

Und es ruft die Sonne:
Fort den blassen Schein!
Wieder will ich Wonne,
Glut und Leben sein!

Wieder wohlig zittern
auf dem blauen Meer,
oder zu Gewittern
führen das Wolkenheer!

In den Frühlingsregen
sieben Farben streun
und auf Weg und Stegen
meinen goldnen Schein!

Ruhn am Felsenhange,
wo der Adler minnt,
auf der Menschenwange,
wo die Träne rinnt!

Dringen in der Herzen
kalte Finsternis,
blenden alle Schmerzen
aus dem tiefsten Riß!

Bringt – ich bin die Sonne –
an das Kerkertor,
was ihr habt gesponnen
winterlang, hervor!

Mit all euren Schätzen
lagert euch herum,
wendet eure Fetzen
vor mir um und um,

daß durch jeden Schaden
leuchten ich und dann
mit dem goldnen Faden
ihn verweben kann!

Afanassj A. Feth

Morgenbesuch

Ich kam her, um dir zu sagen,
daß die Sonne sich erhoben,
in den Baum ihr Spiel zu tragen,
im Gezweig den Tanz zu proben,

dir zu sagen, daß die Hügel
wach sind, daß die Wälder winken,
daß die Vögel ihre Flügel
schüttelnd, Frühlingslüfte trinken,

dir zu sagen, daß wie gestern
ich noch liebe, leide, lebe,
daß ich dir den Tag mit festern
Händen heut entgegenhebe.

Ich kam her, um dir den reinen
Morgenatem mitzubringen,
und ein Lied, von dem ich keinen
Vers erdacht, ins Licht zu singen.

Charles Baudelaire

Aufschwung

Hoch über Tälern und den stillen Teichen,
Gebirgen, Wäldern, Wolken, Meeresfluten,
jenseits des Äthers und der Sonne Gluten,
der Grenzen auch von fernen Sternenreichen,

bewegst du dich, mein Geist, leicht und behend
und wie ein flutgewiegter guter Schwimmer
durchpflügst du tiefer Ewigkeiten Schimmer
im Hochgefühl der Kräfte ohne Ende.

Steig auf, entfliehe diesen Krankheitsgrüften
und läutre dich in weltentrückten Reichen,
und schlürfe reinen Trunk, den göttergleichen,
im Feuerglanz aus klaren Himmelslüften!

O glücklich, wer aus Überdruß und Qualen,
die schwer ob unserm düstern Dasein stehen,
sich kraftvoll heben kann mit Flügelwehen
zu Glücksgefilden voller Licht und Strahlen.

Ihn tragen die Gedanken auf der Schwinge
von Lerchen in des Morgenhimmels Glühen,
und schwebend dort, versteht er ohne Mühen
der Blumen Sprache und die stummen Dinge.

Charles Baudelaire

Die Morgendämmerung

Der Weckruf klang im Hofe der Kasernen,
und Morgenwind umwehte die Laternen.

Die Stunde war's, da schlimme Träume schwelen
und braune Knaben in den Kissen quälen;
da wie ein rotes Auge, das erschrickt,
die Lampe auf den Tag ein Blutmal drückt;
da unter ihres Leibes Bleigewicht
die Seele gleichwie Tag und Lampe ficht.
Wie Tränenwangen Winde trocken wehn,
schauert die Luft von Dingen, die vergehn,
der Mann ist Schreibens müd, die Frau das Lieben.

Auf manchen Dächern kam schon Rauch getrieben.
Die Freudenmädchen sanken, fahl die Lider,
offenen Munds zu stumpfem Schlafe nieder;
die Bettelweiber, hager Brust und Lende,
bliesen die Glut, bliesen die klammen Hände.
Die Stunde war's, da sich die Schmerzen mehren
im kalten Elend derer, die gebären;
wie Schluchzen, das im Schaum des Bluts ertrank,
von fern durch Morgendunst der Hahnschrei drang;
ein Nebelmeer umstrich die Häusermauern,
es röchelten in letzten Todesschauern
die Sterbenden im grauen Hospital.
Das Nachtgelichter matt sich heimwärts stahl.

Fröstelnd begann der Morgen rot und grün
auf der verlaßnen Seine einzuziehn.
Paris, das dunkle, rieb die Augen klar
und schritt zum Werk - ergraut im Arbeitsjahr.

Unbekannter Serbischer Dichter

Tagstern und Sonne feiern Christi Geburt

Ruft dem Tagstern zu die heiße Sonne:
«O mein Tagstern, du mein lieb Geschwister!
Hör, ich rufe dich und bitt als Bruder:
Morgen haben wir Geburtstag Christi;
wenn du mit dem Frühlicht kommst im Osten,
wart ein kleines dort im Osten, Schwester.
Gilts doch, morgen froh den Tag zu feiern!»

Hört die Schwester auf das Wort des Bruders,
und es wartet Tagstern auf die Sonne,
und er fand mit ihr sich zu dem Feste.
Als sie beide sahn den Christ geboren,
hüpften sie vor Lust dreimal im Kreise,
all der Reihe nach: die Sonn im Osten
und der Tagstern, Sonnenjünglings Schwester,
und am Himmel all die andern Sterne.
Eins ums andre Tagstern singt und Sonne,
nach dem Tagstern und der Sonne blickend:
«Lob sei Gott und ihr, die ihn geboren!
Herrlich möge dir das Fest verschönt sein,
auf zum Wohl dem christlichen Geschlechte,
daß es preise Gott in alle Zeiten!»

THEODORE DE BANVILLE

Der Tag

Wie wandelt alles doch das Licht
aus Himmeln, morgenrot-durchglüht!
Zur Erde, blumenüberblüht,
die große Freude Bahn sich bricht.

Wie's hell aus reinen Linien spricht
des Baumgezweiges, tauumsprüht,
wie wandelt alles doch das Licht
aus Himmeln, morgenrot-durchglüht.

Und Hütte, Turm - siehst du es nicht? -
sind ganz von Leuchten überglüht;
die Quelle singt, die Blume blüht,
aus Vogeljubel Liebe spricht;
wie wandelt alles doch das Licht!

Conrad Ferdinand Meyer

Morgenlied

Mit edeln Purpurröten
und hellem Amselschlag,
mit Rosen und mit Flöten
stolziert der junge Tag.
Der Wanderschritt des Lebens
ist noch ein leichter Tanz,
ich gehe wie im Reigen
mit einem frischen Kranz.

Ihr taubenetzten Kränze
der neuen Morgenkraft,
geworfen aus den Lüften
und spielend aufgerafft -
wohl manchen ließ ich welken
noch vor der Mittagsglut;
zerrissen hab ich manchen
aus reinem Übermut!

Mit edlen Purpurröten
und hellem Amselschlag,
mit Rosen und mit Flöten
stolziert der junge Tag -
hinweg, du dunkle Klage,
aus all dem Licht und Glanz!
Den Schmerz verlorner Tage
bedeckt ein frischer Kranz.

Fercher von Steinwand

Gottes Sonne

Gottes Sonne, wenn sie steigt,
will ans Leben mahnen,
wenn ihr holder Strahl sich neigt,
läßt sie Leben ahnen.

Wer mit off'nem Sinn sich regt,
jubelt ihr entgegen,
wer ein Lied im Busen hegt,
fühlt der Träne Segen.

Wo sich auch dein Angesicht,
holde Sonne, zeige,
meinem Geiste sinke nicht,
meinem Geiste steige!

FERCHER VON STEINWAND

Die Frühe

Am Hochfeld über dem Firne
ragt finster ein Dolomit,
da tront mit furchiger Stirne
ein richtender Gott von Granit.

Die Gnade steigt aus der Ferne
im weißesten Strahlengewand,
sie naht auf dem Wege der Sterne
mit blühendem Unterpfand.

Bekränzend Klippe für Klippe
betritt sie das Höhengefild'
und küßt mit beseelender Lippe
die Strenge vom göttlichen Bild.

Robert Hamerling

Morgenhell auf Gräserspitzen

Morgenhell auf Gräserspitzen
kleine Tauesperlen sitzen.
Wie sie funkeln, wie sie blitzen
und Demantenglanz versprühn.

Diese Grashalmdiamanten
freun sich stolzerer Verwandten
die mit scharfgeschliffnen Kanten
in der Königskrone glühn.

Uranfänglich sind Demanten
wie die hier auf Gräser fein.
Wie Schnee der Firne,
wie der Reif von einer Birne
küßt sie weg der Sonnenschein.

Erst auf kalter Königskrone
da gefrieren sie zu Stein.

John Ceiriog Hughes

Sonnenaufgang
(keltisch)

Auf! Auf! Sonnenlicht!
Erheb dein göttlich Angesicht!
Es naht, es naht dein Purpurball,
das Ebenbild Gottes im Weltenall.

Ergieß dein Licht über Berg und Tal!
Stern an Stern so klein,
sie singen dir wie Vögelein;
Mond scheint länger nicht,
er schämt sich vor der Sonne Licht,
sie bergen sich all in Schüchternheit.
Du nahst auf Morgenrots Flügeln breit
du nahst wie ein Schiff aus der Ewigkeit.

Auf! Auf! Morgenlicht!
Erheb dein göttlich Angesicht!
Es lächeln die treuen Planeten all
dir zu und grüßen den goldnen Strahl,
sie huldigen jubelnd mit Sang und Schall.
Blutrot leuchtet die Luft,
das Meer erglüht in rosigem Duft;
Purpur hüllt dich ein,
der Hochberg brennt im Flammenschein,
dein Glanz verstreut sich weltenweit,
gieß aus dein Feuer weit und breit,
flieg hin wie ein Schiff aus der Ewigkeit!

WILLIAM MORRIS

Sommermorgendämmerung

Auf schweigsamen Lippen trag ein Gebet für mich,
nur ein einzig Gebet zu den Sternen empor.
Das Morgenlicht schlüpft, wenn die Sommernacht blich,
so zag durch die Kronen der Espen, aus Wolken hervor,
die regungslos hüten der Dämmrung Verzug,
regungs- und farblos, ob drüber der Glanz
des Tages schon umflutet der Sonne Gesicht.
Vom Wiesengrund her decken jungreifes Korn
die laubschweren Ulmen; der stöbernde Wind
weht kühl und fast träge; die Rosen stehn dicht;
dem säumenden Zwielicht gönnt alles Verzug
um das einsame Haus her inmitten des Korns.
Sag mir ein Wörtchen nur, laß von des Korns
schwellenden Wogen es tragen im Flüstern des Korns.

Hans Thoma

Sonne

Die Sonn' regiert! Mit Herrschermacht
hat sie den Tag und hat die Nacht hervorgebracht.
Wo Hell und Dunkel sich verbinden
ist ihrer Kinder bunter Kranz zu finden;
des Farbenkreises Zauberglanz
umschwebt die Sonn' im Reigentanz.
Wohl dem Jahr, das sie regiert;
wo des Lichtes Macht das Szepter führt.

Detlev von Liliencron

Heimgang in der Frühe

In der Dämmerung
um Glock zwei, Glock dreie,
trat ich aus der Tür
in die Morgenweihe.

Klanglos liegt der Weg,
und die Bäume schweigen,
und das Vogellied
schläft noch in den Zweigen.

Hör' ich hinter mir
sacht ein Fenster schließen.
Will mein strömend Herz
übers Ufer fließen?

Sieht mein Sehnen nur
blond und blaue Farben?
Himmelsrot und grün
samt den andern starben.

Ihrer Augen Blau
küßt die Wölkchenherde,
und ihr blondes Haar
deckt die ganze Erde.

Was die Nacht mir gab,
wird mich lang durchbeben;
meine Arme weit
fangen Lust und Leben.

Eine Drossel weckt
plötzlich aus den Bäumen,
und der Tag erwacht
still aus Liebesträumen.

Morgenstern

Bevor du dich von mir scheidest,
Morgenstern, schon so blaß
- tausend Wachteln
singen, singen im Gras.

Neige dich hold noch dem Dichter,
der liebend der Liebe erlag
- die Lerche
steigt in das Licht mit dem Tag.

Neige dein Antlitz. Es trinkt wohl
Röte des Morgens im Blau
reifender Felder im Tau.

Laß auch mein Herz erglänzen
tief auf fern-irdischem Pfad
- der Tropfen
glänzt auf der sinkenden Mahd.

Süßerer Traum läßt die Liebste
entschlafen aufs neue so hold.
- Eile, eile:
es steigt die Sonne im Gold.

Gustav Falke

Tagesanbruch

Wie leise sich der Morgen regt,
gleich einem Lächeln,
das sich traumhaft hinbewegt
um halbgeschlossner Lider Rund
und einem schlummertrunknen Mund,
der eine ungeduldige Welt
nur hinter leichtem Riegel hält.

Bald wird die rote Pforte klingen,
und was sich innen stößt und zwängt,
sehnsüchtig nach dem goldenen Tage drängt,
mit einem Freudenschrei ins Weite springen.

Otto Julius Bierbaum

Sonne

Nach langen Nebelwochen voll kaltem Schattengrau
heute der erste Tag,
da sich der Himmel hellt,
die Sonne wieder scheint,
das heilige Licht des Lebens.
Ich erkenne dich, gütige Gottheit,
und meine Augen beten Dich an
mit hellen Blicken,
im Lichte beten sie das warme Leben an
und saugen seine gütigen, goldenen Strahlen
mit Kindes Wollust ein,
das an der Mutterbrust
Nahrung aus heiligem Leibe saugt.

Also trink ich mit strahlenden Augen den Gnadenstrom
unerschöpflicher Werdenskräfte mit Lust,
der von der Sonne, dem heiligen,
liebeflammenden Leibe kommt.
Lebensglut-schürender Feuerwein sind die
goldenen Strahlen der Sonne, und der begnadete,
betende Trinker taumelt im Herzen begeisterten Tanz,
ob auch sein Fuß bedächtig hin
über der Erde rauhen Rücken geht,
denn seine Seele ist auf der Sonne,
denn seine Seele brennt in den Gluten
Lebenschenkender Güte.

In der seligsten Liebesbrunst brennt sie,
tanzgewirbelt ein stäubender Funken
in dem riesigen Sonnenfeuer,
sie, auch sie ein jauchzendes Flackerteilchen
der großen Liebeslohe, die in die kreisende Dunkelheit
ihre lebenanfachenden Fackeln reckt.

Ricarda Huch

Noch einmal dem Nichts entstiegen

Noch einmal dem Nichts entstiegen,
noch einmal aus Flammen neu,
seh ich dich im Morgen liegen,
schöne Welt, dem Treuen treu.
Komm, begegne meinem Hoffen,
gib an Lust und Schmerz mein Teil,
gläubig steht mein Busen offen
deinem Blitz und Todespfeil.

MAXIMILIAN DAUTHENDEY

Die Amseln haben Sonne getrunken

Die Amseln haben Sonne getrunken,
aus allen Gärten strahlen die Lieder,
in allen Herzen nisten die Amseln,
und alle Herzen werden zu Gärten
und blühen wieder.

Nun wachsen der Erde die großen Flügel
und allen Träumen neues Gefieder,
alle Menschen werden wie Vögel
und bauen Nester im Blauen.

Nun sprechen die Bäume im grünen Gedränge
und rauschen Gesänge zur hohen Sonne,
in allen Seelen badet die Sonne,
alle Wasser stehen in Flammen,
Frühling bringt Wasser und Feuer
liebend zusammen.

RUDOLF G. BINDING

Morgendliche Trennung

Dämmrung. Frühgrau. Es tropfen die Bäume.
Tief duftet die Welt von der Liebe der Nacht.
Noch schaust du mir nach von der Pforte des Gartens.
Doch da ich mich wende, verschlingt dich das Grau.

O heimliche Morgen der wahrhaft Geliebten.
O tieferer Duft deiner Liebe in mir.
Ich gehe dahin so leicht wie ein Seliger.
Mein Atem ist süß und mein Auge ist weit.

Schon schweben die Adler besonnt in der Reine:
So ende denn Nacht! so beginne denn Tag!
Ich will meine Liebe dem Morgen zutragen
und ewigen Tagen, der Liebe nicht müd.

Igor Sewerjanin

Ein Morgen

Ein Erröten in den Wipfeln, grüßt der Wald,
einer Spinne Netz glänzt auf, vollendet bald,
Diamanten sind verstreut: der Frühlingstau -
welche Anmut, welch ein Glanz, welch lichte Schau!

Gut ists nun, am Haferfeld entlangzugehn,
eine Wespe läßt sich, da ein Vogel sehn,
Hahnenschrei, verschlafen noch, fliegt her von nah,
und von ferne kommt das Echo: Ha-ha-ha.

O wie ich das mag: am Morgen loszuschrein!
O wie gerne ich sie treff im Birkenhain -
Ja, sie treffen! Übern Zaun weg vom Gesicht
ihr den Rest der Nacht zu wischen in das Licht.

Ihr zu stehlen das Unausgeschlafensein
und zu sagen ihr: Mein Morgentraum ist dein.
Ihre bange Brust an meine Brust zu heben,
bis sie es zum ersten Male wagt zu leben.

Pawnee-Indianer, Nord-Amerika

Morgenstern und Morgendämmerung

O Morgenstern, um deinetwillen wachen wir!
Trübe ist das Licht, das von entfernten Himmeln kommt;
wir sehen dich, dann wirst du wieder unsichtbar.
Morgenstern! Du bringst Leben zu uns!

O Morgenstern, wir sehen deine Gestalt!
In schimmerndes Gewand gekleidet, kommst du einher,
deinen Federbusch mit rosigem Licht gefärbt.
Morgenstern, jetzt schwindest du dahin.

O jugendfrische Morgendämmerung, um deinetwillen
wachen wir!
Trübe ist das Licht, das von entfernten Himmeln kommt;
wir sehen dich, dann wirst du wieder unsichtbar.
Jugendfrische Morgendämmerung! Du bringst Leben zu uns!

O jugendfrische Morgendämmerung, wir sehen dich nahen!
Hell wächst dein glühendes Licht,
immer heller, je näher du kommst.
Jugendfrische Morgendämmerung, jetzt schwindest du dahin.

CHRISTIAN MORGENSTERN

Morgenluft

Morgenluft!
Morgenduft!
Über alles hingebreitet!
Fern ein Segel traumhaft gleitet …
Morgenluft!
Morgenhauch!
O erfülle meine Seele!
Horch, die kleine Vogelkehle
Mir zu Häupten preist dich auch!

Christian Morgenstern

Lied der Sonne

Ich bin die Mutter Sonne und trage
die Erde bei Nacht und bei Tage.
Ich halte sie fest und strahle sie an,
daß alles auf ihr wachsen kann.
Stein und Blume, Mensch und Tier,
alles empfängt sein Licht von mir.
Tu auf dein Herz wie ein Becherlein,
denn ich will leuchten auch dort hinein!
Tu auf dein Herzlein, liebes Kind,
daß wir ein Licht zusammen sind!

Christian Morgenstern

Morgenfahrt

Im Morgendämmern fuhr ich über Land –
die Äcker stumm – die Wälder schwarz und tot –
bis endlich an des Himmels fernstem Rand
sich Streifen zeigten, gelb und rosig rot.

Nicht lange, und wie Feuer und wie Blut
entstieg der Ball den Nebeln feucht und kalt,
und übergoß die Flur mit Purpurglut
und wandelte in wogend Gold den Wald.

Und auch auf mich im Wagenzwielicht traf
ein Blitz, mich strahlend wappnend wie zum Streit,
und küßte meine Seele aus dem Schlaf:
Ein Flammengruß aus der Unendlichkeit.

Christian Morgenstern

Morgenseele

Meine Morgenseele ist eitel Gesang
und weiß nicht Worte zu wählen,
von Tönegang und - Überschwang
könnte sie nur erzählen.

Wie des Himmels Vogel nur singt und singt,
als schien ihm allein die Sonne,
so schwingt mein ganzes Wesen und klingt
von grundloser Daseinswonne.

CHRISTIAN MORGENSTERN

O traure nicht!

Aus roten Morgenwolken blüht
der blaue Tag in blasser Seligkeit …
Und über Not und Leid
erhebt sich mein Gemüt
zu Dir.

O traure nicht!
Und bist Du nicht bei mir -:
Ein Licht
sind wir
und ist von mir zu Dir.

Aus roten Morgenwolken blüht
der blaue Tag in blasser Seligkeit …
Und über Not und Leid
erhebt sich Dein Gemüt
zu mir.

CHRISTIAN MORGENSTERN

Sonnenaufgang

Wer dich einmal sah
vom Söller des Hochgebirgs,
am Saum der Lande
emporsteigen,
aus schwarzem Waldschoß
emporgeboren,
oder purpurnen Meeren
dich leicht entwiegend –
wer dich einmal sah
die bräutliche Erde
aufküssen
aus Morgenträumen,
bis sie, von deiner Schwüre
Flammenodem
heiß errötend,
dir entgegenblühte,
in der zitternden Scham,
in dem ahnenden Jubel
jungfräulicher Liebe –
der breitet die Arme
nach dir aus,
dem lösest die Seele du
in Seufzer
tiefer Ergriffenheit,
oh, der betet dich an,
wenn beten heißt:
Zu deiner lebenschaffenden
Glutenliebe
ein Ja und Amen jauchzen –
wenn beten heißt:

In den Ätherwellen des Alls
bewußt mitschwingen,
eins mit der Ewigkeit,
leibvergessen, zeitlos,
in sich der Ewigkeit
flutende Akkorde –
wenn beten heißt:
Stumm werden
in Dankesarmut,
wortlos
sich segnen lassen,
nur Empfangender,
nur Geliebter …
Wer dich einmal sah
vom Söller des Hochgebirgs!

Christian Morgenstern

Des Morgens Schale

Des Morgens Schale quillt von Sonnenlicht
und Rosenduft und Nachtigallenschlag.
Ich bring sie dir zum neuen Schöpfungstag,
der sich zu unserm Angesicht
erhebt.

Setz deine Lippe mit an ihren Rand!
Und mit uns jedes morgendliche Paar,
das, seiner Liebe Frühlingskranz im Haar,
mit uns in diesem Morgen-Lande
lebt!

CHRISTIAN MORGENSTERN

Morgenstimmung

Wenn so die Nacht die treugewölbten Hände
von ihrer Erde stillem Antlitz hebt,
und in die kühlen, duftenden Gelände
der erste Hauch des jungen Morgens bebt –

da laß uns Arm in Arm nach Osten gehen
bis vor das Tor der großen, stummen Stadt,
und Schläf' an Schläf' die junge Sonne sehen,
die uns so süßem Sein erschaffen hat.

Christian Morgenstern

Der Morgen

Der Morgen war von übersanften Schmelz,
der harte Berg war nicht mehr Stein und Krume,
der Wald wie purpurbrauner Falter Pelz.
Und drüber quoll des Weltraums Blaue Blume
aus ewigem Kelch ihr tiefstes Ja und Amen.
Und vor dem allem stand im jungen Strahl
ein Mensch und nahm dieses Heilige Morgenmahl
Dir zum Gedächtnis und in Deinem Namen.

Christian Morgenstern

Nach wenig Stunden

Wie kannst du nur am Morgen
den Glanz der Sonne borgen
und leuchten wie sie selber schier?
Und dann, nach wenig Stunden,
ist alles hingeschwunden
und graue Nacht in dir!

Vergessen ist das Gute,
das köstlich in dir ruhte,
ein Grämling, blickst du freudenleer,
verdrossen aus dem Kleinen
unendlich kleinem Deinen
auf alles um dich her.

O halte Herz die Wonne,
der goldnen Morgensonne,
die dir so süßen Tag gemacht,
hoch über trüben Trachten
mit Angst und strengem Achten
doch fest bis in die Nacht!

Rudolf Steiner

*Der Sonne Licht**

Der Sonne Licht durchflutet
des Raumes Weiten,
der Vögel Singen durchhallet
der Luft Gefilde,
der Pflanzen Segen entkeimet
dem Erdenwesen,
und Menschenseelen erheben
in Dankgefühlen
sich zu den Geistern der Welt.

*Lied der Kinder aus dem Mysteriendrama «Die Pforte der Einweihung».

Rudolf Steiner

Sieh, du mein Auge

Sieh, du mein Auge,
der Sonne reine Strahlen
aus der Erde Formenwesen;

Sieh, du mein Herz,
der Sonne Geistgewalten
aus des Wassers Wellenschlägen.

Sieh, du meine Seele,
der Sonne Weltenwillen
aus der Lüfte Glanzgeflimmer;

Sieh, du mein Geist,
der Sonne Götterwesen
aus des Feuers Liebeströmen.

Rudolf Steiner

Die Sonne sendet zur Erde Licht

Die Sonne sendet
zur Erde Licht;
der Gottes-Geist,
er strahlet hell
im Sonnenlicht.
Die Pflanzen trinken
das Sonnenlicht,
so wachsen sie
auf Feld und Berg
als Gottes Werk.
Und auch der Mensch,
er trägt in Herz
und Seele Gott,
und seine Hände
bewegen sich
durch Gottesgeist.
Ich liebe ihn,
den Gottesgeist
in Herz und Händen,
in Sonn' und Mond.

Rudolf Steiner

Sonne, du strahlentragende

Sonne, du strahlentragende,
deines Lichtes Stoffgewalt
zaubert Leben aus der Erde
unermeßlich reichen Tiefen.

Herz, du seelentragendes,
deines Lichtes Geistgewalt
zaubert Leben aus der Menschen
unermeßlich tiefem Innern.

Schau ich in die Sonne,
spricht ihr Licht mir strahlend
von dem Geiste, der gnadevoll
durch Weltenwesen waltet.

Fühl' ich in mein Herz,
spricht der Geist sein Eigenwort
von dem Menschen, den er liebt
durch alle Zeit und Ewigkeit.

Sehen kann ich aufwärtsblickend
in der Sonne hellem Rund
das gewalt'ge Weltenherz.

Fühlen kann ich einwärtsschauend
in des Herzens warmem Schlag
die beseelte Menschensonne.

Paul Valéry

Morgenröte

Das mürrische Verwüsten,
das mir gedient als Schlaf,
zerstreut sich bei der frühsten
Röte, die mich traf.
In meine Seele dringe
ich auf des Zutrauns Schwinge:
Das ist mein Frühgebet!
Dem Sande kaum entglitten,
in meines Verstandes Schritten
wie herrlich sich es geht.

Gruß, ihr, noch Schlafbereiten,
an eures Lächelns Paar,
vertraute Ähnlichkeiten
unter der Worte Schar.
Wenn erst die Bienen lärmen,
so fang ich euch in Schwärmen,
schon hat meine Vorsicht jetzt
auf die Sprosse der goldenen Leiter,
die leise erzittert, heiter
den weißen Fuß gesetzt.

Welches Frührot über den Rücken,
die ein Frösteln überlief?
Ein Strecken und ein Bücken,
wo eben noch alles schlief:
Die gähnt noch, die, ganz Flamme,
langt nach dem Schildpattkamme
mit Fingern, die sie nicht lenkt,
noch nah an des Traumes Wende,
knüpft sie träge ein Ende
an die Stimme, die vorbedenkt…

Hermann Claudius

Jeden Morgen geht die Sonne auf

Jeden Morgen geht die Sonne auf
in der Wälder wundersame Runde.
Und die hohe, heilge Schöpferstunde,
jeden Morgen nimmt sie ihren Lauf.

Jeden Morgen aus dem Wiesengrund
heben weiße Schleier sich ins Licht,
und der Sonne Morgengang zu künden,
ehe sie das Wolkentor durchbricht.

Jeden Morgen durch des Waldes Hall'n
hebt der Hirsch sein mächtiges Geweih,
der Pirol und dann die Vöglein alle
stimmen an die große Melodei.

Hugo von Hofmannsthal

Vor Tag

Nun liegt und zuckt am fahlen Himmelsrand
in sich zusammengesunken das Gewitter.
Nun denkt der Kranke: «Tag! jetzt werd ich schlafen!»
und drückt die heißen Lider zu. Nun streckt
die junge Kuh im Stall die starken Nüstern
nach kühlem Frühduft. Nun im stummen Wald
hebt der Landstreicher ungewaschen sich
aus weichem Bett vorjährigen Laubes auf
und wirft mit frecher Hand den nächsten Stein
nach einer Taube, die schlaftrunken fliegt,
und graust sich selber, wie der Stein so dumpf
und schwer zur Erde fällt. Nun rennt das Wasser,
als wollte es der Nacht, der fortgeschlichnen, nach
ins Dunkel stürzen, unteilnehmend, wild
und kalten Hauches hin, indessen droben
der Heiland und die Mutter leise, leise
sich unterreden auf dem Brücklein: leise,
und doch ist ihre kleine Rede ewig
und unzerstörbar wie die Sterne droben.
Er trägt sein Kreuz und sagt nur: «Meine Mutter!»
und sieht sie an, und: «Ach, mein lieber Sohn!»
sagt sie. – Nun hat der Himmel mit der Erde
ein stumm beklemmend Zwiegespräch. Dann geht
ein Schauer durch den schweren, alten Leib:
Sie rüstet sich, den neuen Tag zu leben.
Nun steigt das geisterhafte Frühlicht. Nun
schleicht einer ohne Schuh von einem Frauenbett,
läuft wie ein Schatten, klettert wie ein Dieb
durchs Fenster in sein eignes Zimmer, sieht
sich im Wandspiegel und hat plötzlich Angst
vor diesem blassen, übernächtigen Fremden,

als hätt er dieser selbe heute nacht
den guten Knaben, der er war, ermordet
und käme jetzt, die Hände sich zu waschen
im Krüglein seines Opfers wie zum Hohn,
und darum sei der Himmel so beklommen
und alles in der Luft so sonderbar.
Nun geht die Stalltür. Und nun ist auch Tag.

Gustav Noll

Sommermorgen am See

Die Sonne greift mit zitternden Händen
nach den Seegeländern und Rebengeländen,
über die Giebel und über die Dächer
breitet sie einen brennenden Fächer,
weckt in den Linden die heißen Düfte,
wärmt alle Winde und lüsternen Lüfte
und kommt auf schimmernden Strahlenstiegen
randüber zu mir ins Boot gestiegen.
Da neigt sich dem wonnesamen Gaste
ein jeder Wimpel am fernsten Maste.
Alle Läuber zünden ein Leuchten an,
ein Tünchen wird an den Häusern getan,
die Bienen baden in flimmernden Bädern,
alle Wagen knarren auf goldenen Rädern,
die Lerchen münden ihr Lied in den Kehlen,
und die Menschen rüsten hoch ihre Seelen:
Sie laden, im Morgenlicht geborgen,
die wandernden Schiffe mit allen Sorgen
und harren sicherer Freudensteuer,
wie das Korn der Tenne harrt in der Scheuer.

Hans Carossa

Alter Baum im Sonnenaufgang

Frühnebel steigt aus einsam alten Baum.
Es lichten sich die weiten Astwerkräume,
die purpurbraunen, rotbespritzten Blätter,
die nur der Frost noch festhält. Schwarz von Osten
aufwogt Gebirg. Aus hoher Gipfelzacke
strömt weißer Brand und saugt in großen Zügen
den Dunst nach oben, schräge Strahlen lagern
herab, leis knisternd fallen Blätter. –
Und stärker schüttert Licht. Es klingt, braust, – schaudernd
erwacht der dunkle Baumgeist; in die Sonne
reckt er sich tausendzweigig, nieder
wirft er die breite purpurne Belaubung,
und Himmel, Himmel füllt das nackte Holz.

Heinrich Lautensack

Das gestörte Fest

Alle Uhren wurden angehalten.
Nie mehr werde Tag! hieß die Parole
in dem Saal, der voller Spukgestalten
schwamm im starken Duft der Nachtviole.

Und die Zeit stand still in Uhrgehäusen.
Und phantastisch – ohne Augenlider! –
hingen Tausende von Fledermäusen
– Kopf nach unten – als Girlanden nieder.

Zaub'rer, Teufel, Wichte und Lemuren!
Goldner Sekt gefror im Silberkühler.
Aus der Damen kupfernen Frisuren
streckten Nachtinsekten Riesenfühler.

– Plötzlich sprangen Tor und Tür entsiegelt,
und – wie graute da den Nachtgespenstern! –
von den Porphyrsäulen abgespiegelt
glomm ein rosa Licht in allen Fenstern.

Und herein trat – tauig frisch die Wangen,
deren Karmesin sich noch erhöhte,
als sie spürte, wie sie hier empfangen! –
eine Huldgestalt: die Morgenröte.

Viele flohn, unnennbar eingeschüchtert,
mit den Stirnen fast im Staub darnieder.
Selbst der Trunkenste schien jäh ernüchtert.
– Tag ward. – Und die Uhren gingen wieder.

Jakob van Hoddis

Morgens

Ein starker Wind sprang empor.
Öffnet des eisernen Himmels blutende Tore.
Schlägt an die Türme.
Hellklingend laut geschmeidig über die eherne Ebene der Stadt.

Die Morgensonne rußig. Auf Dämmen donnern Züge.
Durch Wolken pflügen goldene Engelpflüge.
Starker Wind über der bleichen Stadt.
Dampfer und Kräne erwachen am schmutzig fließenden Strom.
Verdrossen klopfen die Glocken am verwitterten Dom.
Viele Weiber siehst du und Mädchen zur Arbeit gehn.
Im bleichen Licht. Wild von der Nacht. Ihre Röcke wehn.
Glieder zur Liebe geschaffen.
Hin zur Maschine und mürrischem Mühn.
Sieh in das zärtliche Licht.
In der Bäume zärtliches Grün.
Horch! Die Spatzen schrein.
Und draußen auf wilderen Feldern
singen Lerchen.

Walter Flex

Morgenlied im Mai

Durch die morgenroten Scheiben
lacht der blanke Mai ins Haus.
Lämmerwölkchen will er treiben
in die blaue Welt hinaus.

Singend strolcht der liebe Junge
unter meinem Fenster hin.
Wie ich da mit einem Sprunge
singend ihm zur Seite bin!

Gleich das jüngste seiner Lieder
singt er mit im Wanderschritt.
Immer wieder, immer wieder
sing' ich's frühlingsselig mit:

Weiße Nacht und blaue Frühe
und ein goldner, goldner Tag!
Blühe, junge Sonne, blühe,
bis die Erde blühen mag!

Walter Flex

Der Tag kommt

Im Osten über der schroffsten Wand
schwingt der Morgen den lodernden Brand,
das Feuersignal:
Merkt auf im Tal,
der König kommt über die Berge ins Land!

Ein Windstoß. Ein Bote auf schnaubendem Roß
braust vom Berge. Ein zweiter. Hurtig, Genoß!
Vorüber auch der …
Un nun braust er daher,
der Tag mit seinem lärmenden Troß!

GEORG BRITTING

Morgensonne

Wie die Sonne durch das Fenster springt –
nicht springt, nein schwillt und schäumt und flutet,
daß die Flasche auf dem Tische blutet,
daß die Flasche feurig singt und klingt –.

Ein Zauberhorn, drauf so der Morgen bläst,
daß die Zimmerwände beben!

Schwarz im Schattenspiel der Reben
rührt sichs wie im Schlangennest,
und wie eine Schlange, gebläht und dick,
hängt der geflochtene Vorhangstrick.

Eugen Roth

Aufbruch

Über Nacht, vom ersten warmen Winde
kühn gemacht,
hat der März das Tal geschwinde
grün gemacht.

Wärmt der Wald sich, mager und gestrüppig
erst das Fell,
bald des Kirschbaums Knospen, üppig
bersten hell.

Süßer Regen weint den weh gefrornen
Garten auf.
Blüten, die im Schnee verlornen,
warten drauf.

Hinter das vom Winter ausgebleichte
Grau der Welt
ist nun schon das frühlingsleichte
Blau gestellt.

Morgen kommt die Sonne: Furcht und Hoffen
stöhnt vom Schlag –
von des Lichtes Blitz getroffen;
tönt der Tag!

Uriel Birnbaum

Frühmorgens im Feld

Die Morgenwolken schimmern gleich Opalen,
der Himmel, dran sie ziehn, ist eisenblau.
Der Morgensonne erste goldne Strahlen
durchzittern seinen weiten Kuppelbau.
Von Nebel, wie noch tief im Schlaf, umwoben,
erhebt die Erde sich aus seinem Grau
dem Licht entgegen, das aus Himmelsschalen
sie überflutet, sie vor Tag und Tau
mit bunten Herbstes Farben zu bemalen.

Gezackt durchackern Furchen weiß das Land;
vor ihnen ein Gewirr von Draht und Pfosten
zum Schutz der Schützengräben ausgespannt.
In Schußbereitschaft das Gewehr erhoben,
stehn regungslos in ihrem Wächterstand
und warten, daß man sie ablöst, die Posten;
wachsamen Auges, am Verschluß die Hand.

Aufjubelt eine Lerche in das Licht ...
da hebt ein Posten langsam sein Gesicht
und träumt von Dingen, die ihm längst zerstoben:
Von Heimat – Mädchen – Freunden – Alltagspflicht –
und denkt in tiefem Traum des Krieges nicht.
Jäh hackt ein Schuß! – Der Träumer fällt zurück.
Die Stirne von der Kugel breit zerkloben,
träumt noch einmal weit aufgetan sein Blick,

ein Himmel unten, in den Himmel oben.

URIEL BIRNBAUM

Morgen in Kärnten

Der Morgen hebt das Haupt aus Silberschleiern,
steht langsam auf in glimmendem Gewand
und schaut erst schläfrigen, dann immer freiern
und freiern Blickes in das Menschenland.

Die weiße Stirn umschlingt ein Wolkenband.
Er greift hinunter in der Wälder Grollen
und hebt die Sonne hoch in seiner Hand
und läßt sie los und in den Himmel rollen.

Er atmet tief und lauscht dem wundervollen
Gesang der Luft in seinem Haar, dem Schrei'n
der frühen Falken, die ihm Grüße zollen;
die großen kalten Berge stimmen ein.

Er lehnt sich stumm an sie in Träumerei'n,
reißt weit die Augen auf und wird zu Stein.

SANDARA

Die Morgenglocke

Wenn du, erbarmungslose Morgenglocke,
den Schmerz der Liebestrennung ahnen würdest,
du würdest nicht die wahre Stunde rufen
beim Morgengrauen, – sondern würdest gerne
bereit sein, lügnerisch die Zeit zu künden.

Rudolf Alexander Schröder

Arduum est

Wird der Morgen helle,
schaut das Auge gern
über fernster Welle
Gottes Stern.

Weil noch ein Erneuen
goldnen Tags erwacht,
da wir uns erfreuen
vor der Nacht,

uns erfreun am Spiele
wandelbarer Welt,
bis zuletzt das Viele
uns mißfällt;

bis zuletzt im Innern
aus der Knospe bricht
seligstes Erinnern:
ein Gesicht.

Ach, die Nacht wird helle,
und der Tag verging,
nun die steilste Schwelle
dich empfing!

Ausgelöscht im Schauen,
das nicht enden mag,
aller Nächte Grauen,
Nacht und Tag.

Rudolf Alexander Schröder

Wächterlied

Die Nacht rückt tiefer noch
am runden Feld;
noch immer trägt die Welt
das dunkle Joch,
schläft wohl und träumet doch
von lauter Sorgen:
Die Nacht rückt tiefer noch;
es naht gen Morgen.

Hat noch kein Hahnenschrei
sich aufgemacht,
da doch die Mitternacht
schon längst vorbei?
Ringt euch vom Schlummer frei,
ersteht, ihr Frommen:
Der Hahn tut seinen Schrei,
der Tag will kommen.

Das Licht tritt auf den Plan;
so seids gewiß:
Das Werk der Finsternis ist abgetan.
Die blanke Wehr legt an,
die Gott geschaffen:
Das Licht tritt auf den Plan
in lichten Waffen.

Vergeßt, dieweil es Tag,
Zorn, Zank und Neid
und was die Lüsternheit
euch raunen mag.
Seid nicht zu leiden zag,
nicht träg zum Handeln:
Ihr sollt am lichten Tag
im Lichte wandeln.

Otto Brües

Fahrt in den Morgen

Ein Windlicht hüpfte durch die Hallen,
Gespenster blinzten aus dem Stuck,
und Füßetrappeln, Türenknallen
und Lebewohl und Händedruck.
Wir glitten durch die große Kehre,
das Sternenlicht in Reben hing,
noch hatte seine eigne Schwere
noch seinen Umriß jedes Ding.

Dann schien der Himmel leer zu rinnen,
was eh' im innern Lichte stand,
von außen sich zu überspinnen
mit einem graugewirkten Band.
Nun wollte sich der See entzünden,
ein altes Kirchlein schwamm vorbei
und in der Lerche Tagverkünden
fiel täppisch ein der Hahnenschrei.

Und roter Schein in unsern Haaren
und goldner Schein am Hügelring,
da wir doch kaum erst abgefahren,
als Sternenlicht in Reben hing,
als Sternenlicht der blauen Runde
im Kampf mit junger Sonne lag:
Zur Schöpfung braucht es eine Stunde
zwischen Nacht und Tag.

ERNST SANDER

Morgen bei Castelfranco

O holder Frührotflor der Mandelblüte,
taufunkelnd Ackergrün, Olivensilber –:
Wie kam's, ihr Milden, daß in mir ein gilber
herbstlicher Schwefelschmerz erglomm und glühte?

Von Morgenhoffnung weich und warm umsäuselt,
geliebte Nähe, Antlitz, Blick und Lächeln –:
In Euch des Todesengels Fittichfächeln,
das meinen Seelenbronnen fröstend kräuselt?

Geborstne Brücke über grauem Flusse –
verbunden und getrennt die Uferwände –:
im ersten ruht der letzte Druck der Hände,
es schluchzt der letzte Kuß im ersten Kusse.

Herbert Böhme

Der Tag bricht an

So naht der Tag, vom ersten Strahl durchglüht,
der überm Land im leichten Aufwärtsgleiten
die Nebel löst, die sich zu Tale breiten,
und ihre Schleier um die Berge zieht.

Und wie die Sonne nach der Kuppel sprüht,
den Himmel blaut in seinen runden Weiten,
erbricht mein Blick und die Gedanken schreiten
tief in den Morgen, der die Seele glüht.

Denn, schwimmt auch Nebel über Land und Meer
und zieht der Herbst der Kirchenglocken Strang,
mein Ahnen ist nun nicht mehr ohnmachtsschwer:

Sieh da, schon küßt der Tag den jungen Hang
und jauchzt empor in ewger Wiederkehr,
denn auch der Tod ist nur ein Übergang!

Roy Campbell

Messe im Frühlicht

Ich zog mein Segel ein und trocknete mein tropfend Netz,
dort, wo der weiße Kai gestreift vom kühlen Schatten der Planeren ist,
in deren mächtigen Zweigen, immer unsichtbar,
die Nachtigallen schlagen Tag und Nacht.
Ob alles grau auch war unter dem grauen Licht des Monds,
so schimmerte mein Boot in seiner neuen Farbe doch wie eine Braut,
und, silbern in meinen Körben, schimmerten die Brassen:
Müd waren meine Arme und schwer die Lider,
doch als mit Speis und Trank, im Morgenlicht,
die Kinder mich erwarteten am Ufer,
niemals war Wein so rot noch Brot so weiß.

Arnold Krieger

Konzert in der Frühe

Wohllaut zu rieseln begann es,
tränkte das Grauende bunt.

Zaubrig die Schläfen umrann es.
Morgenland hob sich vom Grund.
Silber schüttende Wellen
füllten die Schale dem Traum.

Heiter umblühten mich Schellen,
Flöten und Zimbelschaum.

Dünung hat auf und nieder
süß mir den Saum gereicht.
Schwerer wurden die Lider,
doch das Leben wog leicht.

Karl Schwedhelm

Steigender Tag

Sonne saugt schon den Tauben
den Aufwind aus dem Gefieder.
Lerchen, die leichteren, schrauben
ins Licht die Spirale der Lieder.

Lerchenlied, Flaum und die Flüge
stehn in des Morgenlichts Flammen,
die unsere Tage versengen –
führt einst die Kurve der Reise
spät unsre Schatten zusammen?

Nur ein Bruchteil vom Kreise,
nur eine Lichtsekunde
trennen noch unsre Schritte:
Wehre den Schrei deinem Munde!
Glaub nicht, uns werde gelingen,
Licht aus dem Mittag zu rauben.
Schwarz fleckt ein Schatten die Schwingen:
Habicht steht schon bei den Tauben.

GEORG SCHWARZ

Am Morgen

Es fließen in der Dämmerstunde
zwei Ströme durch das Bett der Zeit.
Nach abwärts rauscht die Dunkelheit,
auf schwebt das Licht vom Tagesgrunde.

Das große Rauschen, es gibt Kunde
von Gottes unstillbarem Sein.
Tag strömt und Nacht aus seinem Munde
und geht wie Atem aus und ein.

FRANZ TUMLER

Taglied

Nahe der Erde,
halb noch in Haft und Hut der Nacht,
grün im lichten Mute des Morgens,
stehst du, Wolke.

Flocke! bald stößt dich der Wind
vom atmenden Teiche, der dich gesponnen.
Bist, eh wir erwachen, über die Himmel zerpflückt.

David Gacoyne

Morgendliche Betrachtung

Wenn du, erwachend, durch Augenfenster blickst, ohne Neugierde
noch und Staunen,
wäge den Tag, wisse: du liegst da, bedenke: ich bin auf der Erde.
Denke daran: der Tod wandelt im Tageslicht, und das Leben sickert
noch durch Filter,
während du, vielleicht, unverändert bleibst den Tag hindurch.
Die Zeit gleitet wie ein eiliger Finger über die Karte,
aber du bist du, nicht dir allein gehört die Zeit,
du bist ein Pünktchen nur auf dem koplexen Diagramm.

Bist du also ein Stern, ein Nukleus und Zentrum sich
bewegender Punkte?
Bist du ein Bröckchen Fels, von der Klippe gebrochen, allein?
Oder bist du die Spitze eines größeren Gestirns, der du dich
im Gleichklang bewegst?
Wenn du abgesondert bist, nichts als ein Selbst, so erstarre zu Stein,
wo du stehst;
Schicksalsläufe zerbröckeln und Körper erschlaffen, die einzelnen
Leuchten brennen nieder.
Vollendet aber bist du, wenn ohne dich es an Vollendung fehlt.
Dann brennst du mit dem vollkommenen Licht und bist der Zeit
Leibeigener.

Annemarie Bostroem

Vor Tag

Leer ist die Stunde vor Tag,
ohne Farbe und Klang,
ohne Gestalt und Gesicht,
ohne Vogelsang,
ohne Glockenschlag,
ohne Licht,
ohne Schatten.
Wen die Nacht nicht verschlang,
wer nicht dem Schlaf erlag,
wen die Sterne vergessen hatten,
dieser Stunde entgeht er nicht,
da die ganze tödliche Kälte der Welt
in den offenen Kelch der Erde fällt.

Leer ist der letzte Schlag
des Herzens vor dem Erwachen.
Schwer ist das erste Lachen,
ungewohnt
ist der erste Blick,
da der gestorbene Mond
schon zurück
in die Dämmerung glitt,
eh die Sonne die Schwelle betritt.

Leer ist die Stunde vor Tag,
taub für Gebete und Rufe,
stumme, erstarrte Stufe
für Gottes Schritt.

Walter Höllerer

Früh, und bei den Birken

Das Tropfenspiel
im Birkenfeld
am Morgen, der mich hält.

Die Stunde früh;
da ist die Welt
ein Tropfenspiel
im Birkenfeld;
der Tag, für dich bestellt.

Und Bunteres noch:
ein Schnabelgelb
am Amselschwarz –
und, Freudenton.

Ein Flugzeug kommt,
ein Silberschiff,
und schwimmt im hellen
Mantelblau
davon.

Der Streifen nur
am Fluß entlang
ist Nebelspur.

Die Straße glänzt,
ein Rappentier
im Morgenritt.
Da warte ich.

Da kommst du her,
ein Tropfen, der
dem Birkenhaar
entglitt.

Jerzy Harasymowicz

An einem Morgen im März

Am besten ist es aufzuwachen an einem Morgen im März,
wenn die dünne schwarze Gabel des Gartens von Winden
verbogen,
wenn im nahen Wäldchen die Schneeflocken in weißesten
Gewändern
den Sonnenaufgang erwarten, um auf dem Grund seiner
Röte wie Heilige aufzuerstehn.

Arme polnische Teufel, von Hexen betrunken gemacht,
fahren vom Dach mit Gerassel
in Bastschuhn und steifer Haltung, und verschwinden dann
in der Erde.
Im Garten hinter dem Hügel sind Hasenohren zu sehn: eine
kaum geöffnete große Schere.
Am Fenster, wie eine große Feldmütze, lauscht ein
Katzenkopf wachsam, was im Flur geschieht.

Die Tannen phantasieren im Dämmer, behüten den Garten,
und aus der Dachrinne, wie aus einem langen alten Schuh,
worin ein Geizhals sein Geld versteckte,
fallen ununterbrochen Geldstücke durch das dunkle Loch,
denn im Tauwetter zerbrach die Schuhsohle aus Eis, hörte
auf zu leben.

Und es sind wieder Hügel zu erkennen niedrig wie das
Hüttendach, auf dem die Krähen
wie altes schwarzgewordenes Stroh bei jedem Windhauch
wirbeln.
Und man sieht schon, wie unter dem Fenster, auf dem Weiß,
die ersten grünen Gräser hüpfen, mal hier, mal dort, wie
Grillen.

MARIA MÜLLER-GÖGLER

Trüber Morgen am See

Silbergrüne Flut am Morgen
und die Berge fern verhüllt.
Was sich wohl aus Traum und Sorgen
einer lauen Nacht erfüllt?

Schwerer Wind und Wolkenzüge,
nur im Ost ein heller Saum.
Tag! Verheißung oder Lüge?
Leben! Reichtum oder Schaum?

Horch nun rauscht die Woge lauter,
die sich an der Mole bricht.
Schaukelnd zieht aus sanftumblauter
Bucht ein Kahn ins Licht.

Joachim Maass

Tagesanbruch

Die Nacht ist um,
die Hähne krähn.
Wir feiern stumm
ein Wiedersehn.

Kein Haus ward zwischen uns gelegt,
die Straße war nicht weit,
mein Wort ein Blatt, das sich im Winde regt,
mein Atemzug die Zeit.
Mein Rätsel, das ich selbst nicht weiß,
umfalten deine Hände –

der Himmel ist ein lichter Kreis,
der hat kein Ende.

Uwe Grüning

Dieser Morgen

Dieser Morgen
verhaltenen Atems
lauschend niedergebeugt auf das Gleis.

Ich heb die Augen aufwärts und seh,
wie eine Insel
schwebt über den Wassern,
als hing sie an Ketten.

Leichten Schrittes:
Die Ordnung zerfällt, und es bleibt
wild verwachsener Tag. So glaubst du.

Du weißt
nichts von den rankenden Wäldern, von Städten
hoch auf der Insel.

Eine Straße
über der anderen,
dreißig Stockwerke hoch, mit großen
gläsernen Steinen bestückt,
es fahren die Autos
spiegelnd über sie hin.

Halb verhalten der Lärm
Getön in den Lüften.

Die Menschen aber
gehn mit verschlossenen Augen,
hören einander mild.

Ein Morgen reicht an die Tore,
die öffnen sich summend, sagen,
was du begreifst:
Verweht ist der Wald.

Vicente Aleixandre

Die Sonne

Leicht, fast ohne Gewicht,
die Sandale. Fleischlose
Fußspur. Einsame Göttin
bittet eine Welt um Pflanzen
für ihren Leib, sonniges
Hoch. Sagt nicht
Haare; Strahlenhaar.
Sagt Sandale, leichte
Fußspur; sagt nur nicht
Erde, süße Quecke,
die knistert in diesem Lichtblitz,
so sanft, daß sie ihr schmeichelt,
wenn Sie den Fuß auf sie setzt. O fühle
dein Licht, dein schweres Tasten
als Sonne! Hier, dich spürend,
ist die Erde Himmel. Und glänzt.

Jules Supervielle

Tauschen

Aus der Lache des dämmernden Tags
tranken die langen Vögel der Nacht,
nun liegen sie tot umher
beim letzten Seufzer des Mondes.

Doch sieh die Flamingos der Röte,
sie bauen ihr Nest sich im Licht,
mit der Seide der Himmelsränder
und dem goldenen Wind ihrer Flügel.

Andreas Reimann

Sonnenaufgang

Noch schmilzt der Himmel über uns sehr blau,
doch schwimmt er fern schon im Orangenlicht
der Krokusfrühe. Wieder übergeht
der Farbenwelle taubensanftes Grau
ins Knospengrün. Das Meeresprisma bricht
die Strahlung glitzernd, streut sie fächernd breit.
Und Wolkenmoos blüht violett, so ganz
von eines Herbstes zartem Pflaumenreif.

Und dies bestaunend, seh ich und begreif:
Die Scholle Mondeis blaßt hinweg und taut,
weil da kein Nachtwall mehr den Lichtstrom staut.

Und da der Himmel sich zur Landschaft biegt,
durch die der Sonne Strahlenrad nun reist,
ist dies bewiesen: daß da unterliegt
die Dunkelheit, wie immer sie auch heißt.

Regina Uhlmann

Erwachen

Ich lag in dir noch unverzweigt,
Du tiefer Felsen einer Nacht;
so kalt wie Stein und trostesarm.

Da fühlt ich plötzlich, wie der Tag
sich an dem Sein im Licht verfing
und liebewarm und flammenhaft
sich an die kleinsten Dinge hing.
Da war ich wach.

Doch war mir noch ein Silberklang,
der sich an einem Zimbal schlug,
erhörbar,
und meines Engels Morgengang.

Gustav Schüler

Morgenlied

O Atem erster Frühe,
o Strom der Sonnenglut!
Nun wache auf und glühe,
nun brause Lebensblut!
Die Wälder, traumverhangen,
schau'n groß ins neue Licht;
die Felder steh'n in Prangen,
wie reich sie wissen's nicht.

Mein Herz auf ihn zu grüßen,
ein neuer Tag bricht an;
leg ihm dein Werk zu Füßen,
damit er's segnen kann,
daß er mit seiner Gnade,
daß er mit Glanz und Tau
dich meine Seele bade,
wie dort die grüne Au.

Uta Porzig

Morgenwind

Leuchtendes Gluten
fächert durch die Stämme
zerbrechend
die Dämme
der Nacht,

hundertfaches Jubilieren
kleiner Vogelkehlen
ziert den Saum
des Tages.

Übers Feld
mir entgegen
eilet rasch
der Morgenwind,

wirft mit großer Geste
lichtbeladne Luft
mit dem Duft
feuchter Erde
dem Tag
ins Angesicht.

Giuseppe Ungaretti

Morgen

Ich erleuchte mich
durch Unermeßliches*

*Der Wortlaut der italienischen Originalfassung ist: M'illumino / d'immenso

René Char

Die Lerche

Äußerste Glut des Himmels und erstes Erglühn des Tages,
Kleinod ins Frühlicht gefaßt, besingt sie die rastlose Welt,
Glockenspiel, Herr ihres Atems und frei im Fluge.

Die bezaubernd uns bannt, wird durch Blendwerk erlegt.

*Morgenlieder für Kinder**

Sonnenschein, ja Sonnenschein
leuchtest uns ins Herz hinein.
Wir schliefen sanft die ganze Nacht
und sind gesund und froh erwacht.
Freudig, freudig sind wir so gern.

Sonnenschein, ja Sonnenschein
leuchtest uns ins Herz hinein.
Gesang und Spiel beginnen nun
und laßt die Arbeit froh uns tun,
alle, alle sind wir nun da.

Sonne, Sonne, komm,
sieh ich bin ja fromm,
sieh ich warte voll Verlangen
bis du wieder aufgegangen.

Sonne, Sonne, schein,
laß mich nicht allein,
jag die dunklen Wolken fort,
sprich dein helles Himmelswort.

Sonne, Sonne gut,
strahl mir in mein Blut,
mach mich also licht und rein,
selber einen Sonnenschein.

*mündlich überliefert

Es steigt der Tag, es sinkt der Stern,
die Erde trinkt das Licht so gern,
die Erde atmet neuen Sinn,
gibt sich der Weltenbildkraft hin.

Das Herz wird wach, der Geist wird gut,
in neuer Freude blüht das Blut.
Aus dunkler Nacht den Sternenschein,
den tun wir tief ins Herz hinein.

Gegrüßt du Tag, gegrüßt du Sonn,
du Leben aus des Lichtes Bronn!
Wir machen unsre Herzen weit
der offenbaren Herrlichkeit.

Traugott Horneber

Zeugnis-Sprüche

Wenn die Sonne sich erhebt,
und der Erde Wärme spendet,
dankt ihr alles, was da lebt,
für das Licht, das sie uns sendet.

Weichen muß die dunkle Nacht,
jeder geht mit Fleiß zu Werke,
denn sie weckt der Seele Macht,
gibt den Gliedern Kraft und Stärke.

Wenn die Sonne sich erhebt
zu der Himmelsreise,
jubelt alles, was da lebt,
ihr zu Lob und Preise.
Weichen muß die dunkle Nacht
vor den goldnen Strahlen,
die der Sonne lichte Macht
an den Himmel malen.

Dieter Boye

Morgen

Wenn aus blauer Himmelsrunde
Sonnenkraft sich golden gießt
und das Licht der Morgenstunde
über hohe Wolken fließt:

Dann erhebe deine Glieder
festige den flüchtgen Traum
der wie zarte Himmelslieder
schaffend webt im Sternenraum.

Laß der Sonne helle Klarheit
deinen wachen Geist durchdringen
und die nächtge Sternenwahrheit
wie das Licht den Tag durchklingen.

Laß die rechten Geistgewinne
fließen in dein Handeln ein
und du wirst im wahren Sinne
Stern im Zeitendunkel sein.

KURT P. G. BRANDT

Sonnengedichte

Laß mich nicht in die Nacht,
Sonne. Ich fürchte,
deine Schwester, die schwarze,
durchschreitet meine Augen,
nächtigt in Höhlen,
aus denen ich tagsüber sehe.
Laß mich nicht in die Nacht,
Sonne. Ich will dich niemals
aus meinen Augen verlieren.

Die Sonne
hat den Morgen verbrannt,
war auf dem Berg.
Als der Morgen starb,
hinterließ er mir nichts.
Die Sonne
hat den Berg verbrannt,
war auf dem Meer.
Als der Berg starb,
hinterließ er mir Staub.
Die Sonne
hat das Meer verbrannt,
war über mir.
Als das Meer starb,
war ich mit der Sonne allein.

Mit zwölf langen Schritten
die Sonne umkreist
einmal am Tage,
nach zwölf langen Schritten
müde, nächtigt der Tag
in deinen Händen.
Laß ihn schlafen, den Tag,
zwölf Schritte lang schlafen
mit dir.

Marianne Oldenburg

Gottgeburt

Im Licht der Sonne bist du eingetaucht,
die strömt in deines Blutes Lebenssäften
und was du in dir fühlen darfst an Lebenskräften
ist dir von ihrem Atem eingehaucht.
Doch was an Ewigem sie in sich trägt,
das müßte ohne dich, o Mensch verarmen,
ließ dich ihr selbstlos göttliches Erwarmen
im Innern deiner Seele unbewegt.
Drum gib was Sonnenlicht in dich getragen
mit deiner ganzen Innigkeit zurück,
dann spürt die Sonne deines Dankes Blick.
Es wird, was sich begegnet, Funken schlagen:
Der Gottheit Feuer wird für dich erwachen,
und du darfst, lichtbeschenkt,
es selbst entfachen.

Schein, Sonne, schein!

Schein, Sonne, schein,
scheine doch bald,
denn dem kleinen Lamm im Garten
ist es so kalt!

Schein, Sonne, schein,
schein im April,
weil das kleine Apfelbäumchen
blühen will!

Schein, Sonne, schein,
schenk uns dein Licht,
denn die bunte Primelwiese
blüht sonst nicht!

Schein, Sonne, schein,
schein auch auf mich.
Will dann auch den Tschardasch tanzen –
nur für dich!

Franz Vetter

Sonnensegen

Nun jauchze, du Erde,
frohlocke in Wonne!
Das ewige Werde –
nun weck es, o Sonne!

Es drängt aus den Zweigen,
in knospenden Hüllen,
im quellenden Steigen
sich selbst zu erfüllen.

Du Einzige, Eine!
Du Ewige, Holde,
nun scheine uns, scheine!
Durchlichte, vergolde

das Draußen und Drinnen!
Mit geistigen Fluten
all-menschliches Sinnen
laß Sonne, durchbluten!

Im irdischen Garten,
in Baum, Busch und Halmen –
ein tiefes Erwarten
in deinen Lichtpsalmen.

Jauchz' deine Gesänge –
erwecke, entfache!
Die Fesseln uns sprenge!
Nun, Erdgeist, – erwache!

Herz heb' ich und Hände
Dir, Sonne, entgegen:
Geist-Lichtes-Spende,
Du Himmelssegen!

Durchlohe, durchlichte
die Weltenweiten!
Weck inn're Gesichte
für Ewigkeiten!

Erhelle und sprenge
die Zeitenschächte,
die Herzensenge,
die Seelennächte!

Durchdringe, durchglühe
das Zeitgetriebe
mit heilender Mühe –
mit Liebe, mit Liebe!

Inhalt

Dichter-Register

Register der Gedichtanfänge

Nachweise

Wir danken den nachfolgenden Verlagen und Rechtsinhabern für die Genehmigung zum Abdruck von Texten:

Aegis Verlag, Ulm, für: Maria Müller-Gögler, Trüber Morgen am See, aus: Gedichte, Ulm 1947. *Verlag der Arche, Peter Schifferli*, für: Ketschua-Indianer-Dichtung, aus: Es tagt die Erde, Indianerdichtung Südamerikas, hrsg. von Albert Theile, Zürich 1962. *Aufbau-Verlag*, Berlin und Weimar, für: Ovid, Phaeton, aus: Verwandlungen, Zweites Buch, Berlin/Weimar 1963. *Hans Baumann*, Murnau, für Afanassj A. Feth, Morgenbesuch; Igor Sewerjanin, Ein Morgen. *Curtis Brown Ltd.*, London, und *Ursula Clemen*, Endorf, für: Roy Campbell, Messe im Frühlicht. *Hilde Brües*, Krefeld, für: Otto Brües, Fahrt in den Morgen. *Eugen Diederichs Verlag*, Köln, für: Dionysios, An Helios, aus: Gebete der Menschheit, hrsg. von Alfonso M. di Nola, Köln 1963. *S. Fischer Verlag*, Frankfurt, für: René Char, Die Lerche, aus: Poésies/Dichtungen, Frankfurt 1959. *Editions Gallimard*, Paris, und *S. Fischer-Verlag*, Frankfurt, für Jules Supervielle, Tauschen, aus: Gravitations, Paris 1925 (dtsch. Übersetzung aus: Gedichte und Legenden, Frankfurt 1961). *Carl Hanser Verlag*, München, für: Jerzy Harasymowicz, An einem Morgen im März, aus: Lektion der Stille, hrsg. von Karl Dedecius, München 1959; Ibn Scharaf, Lang war die Nacht; Sahl ibn Malik, Des Morgens Strom, aus: Gundert, Schimmel, Schubring (Hrsg.), Lyrik des Ostens, München 1965; Georg Britting, Morgensonne auf dem Lande, aus: Widerspiel, Deutsche Lyrik seit 1945, hrsg. von Hans Bender, München 1962; Annemarie Bostroem, Vor Tag, aus: Deutsche Lyrik auf der anderen Seite, München 1960; Mimnermos, Helios; Jevgenij Boratynskij, Lied, aus: Britting, Hennecke, Hohoff, Vossler (Hrsg.), Lyrik des Abendlandes, München 1963. *Insel Verlag*, Frankfurt, für: Mesomedes, Fei're ringsum, hoher Äther, aus: Griechische Lyrik, ausgewählt von Karl Preisendanz; Paul Valéry, Morgenröte, aus: Ausgewählte Werke, Zweiter Band, 1938. *Kiepenheuer & Witsch*, Köln, für: Thomas Heywood, Willkommen, Tag,

aus: Englisch Horn, Köln 1953. *Walter Krieg Verlag,* Wien, für: Thomas Campion, Tagruf, aus: Die Fähre, Englische Lyrik aus fünf Jahrhunderten. *Albert Langen Georg Müller Verlag,* für: Franz Tumler, Taglied, aus: Gedichte. *Mundus-Verlagsgesellschaft,* Stuttgart, für: Gustav Schüler, Morgenlied. *R. Piper und Co.,* München, für: Georg Schwarz, Herbstmorgen, aus: Deutsche Gedichte der Gegenwart, hrsg. von G. Abt, München 1954. *Dr. Irma Sander,* für: Ernst Sander, Morgen bei Castelfranco. *Alfred Scherz Verlag,* Bern, für: Ein Hymnus an Ra, aus: G. Kolpaktchy, Das ägyptische Totenbuch. *Herbert Schult Verlags-GmbH,* Heidenheim, für: Tschang-Kien, Sonnenaufgang im Kloster, aus: Die chinesische Flöte, Sandara, Die Morgenglocke, aus: Japanischer Frühling, Nachdichtungen japanischer Lyrik von Hans Bethge. *Rudolf Steiner-Nachlaßverwaltung,* Dornach, für: Rudolf Steiner, Der Sonne Licht, aus: Die Pforte der Einweihung (Vier Mysteriendramen, Gesamtausgabe Nr. 14); Sieh, du mein Auge, – Die Sonne sendet zur Erde Licht, – Sonne, du strahlentragende, aus: Wahrspruchworte, Gesamtausgabe Nr. 40. *Suhrkamp Verlag,* Frankfurt, für: Rudolf Alexander Schröder, Arduum est, aus: Fülle des Daseins, Frankfurt 1958; Giuseppe Ungaretti, Morgen, aus: Gedichte, Frankfurt 1961; Vicente Aleixandre, Die Sonne, aus: Museum der modernen Poesie, Frankfurt 1960. *Südverlag,* Konstanz, für: Theodore de Banville, Der Tag, aus: Das französische Gedicht, Konstanz 1947. *Winkler-Verlag,* München, für: William Blake, Vogelsang, – An den Morgen, aus: Lyrik der englischen Romantik, München 1967.